Inhalt

Inhalt 3

Bärbel Roy: Über mich 6

Anet Janik: Über mich 9

Kontaktmöglichkeiten 10

Danksagung 11

Das Jahr der Sonne – im großen Überblick 12

Themen des Jahres 2024 im Überblick 16

Das Sonne-Jahr 2024 17

Das numerologische 8er-Jahr 22

Finsternisse im Jahr 2024 27

Planetenübergänge 2024 29

Pluto im Wassermann am 21.01.2024, um 01:51 Uhr 36

Jupiter in Zwillinge ab 26.05.2024, um 00:15 Uhr 42

Saturn in den Fischen bis Februar 2026 45

Lilith wechselt in die Waage am 29.06.2024, 10:20 Uhr 49

Saturn/Jupiter-Sextil seit 08.12.2023 - 12.04.2024 52

Jupiter/Uranus-Konjunktion 21.03.2024 - 21.05.2024 55

Neptun Sextil Uranus seit August 2023 - Dezember 2023
und ab Juni 2024 - August 2029 58

Pluto/Uranus-Trigon 10.07.2024 - 21.11.2024 61

Wochenhoroskop vom 01.01. bis 07.01.2024 65

Wochenhoroskop vom 08.01. bis 14.01.2024 68

Wochenhoroskop vom 15.01. bis 21.01.2024 71

Wochenhoroskop vom 22.01. bis 28.01.2024 74

Wochenhoroskop vom 29.01. bis 04.02.2024 78
Wochenhoroskop vom 05.02. bis 11.02.2024 81
Wochenhoroskop vom 12.02. bis 18.02.2024 85
Wochenhoroskop vom 19.02. bis 25.02.2024 89
Wochenhoroskop vom 26.02. bis 03.03.2024 92
Wochenhoroskop vom 04.03. bis 10.03.2024 95
Wochenhoroskop vom 11.03. bis 17.03.2024 99
Wochenhoroskop vom 18.03. bis 24.03.2024 103
Wochenhoroskop vom 25.03. bis 31.03.2024 107
Wochenhoroskop vom 01.04. bis 07.04.2024 111
Wochenhoroskop vom 08.04. bis 14.04.2024 115
Wochenhoroskop vom 15.04. bis 21.04.2024 119
Wochenhoroskop vom 22.04. bis 28.04.2024 123
Wochenhoroskop vom 29.04. bis 05.05.2024 127
Wochenhoroskop vom 06.05. bis 12.05.2024 130
Wochenhoroskop vom 13.05. bis 19.05.2024 133
Wochenhoroskop vom 20.05. bis 26.05.2024 136
Wochenhoroskop vom 27.05. bis 02.06.2024 140
Wochenhoroskop vom 03.06. bis 09.06.2024 144
Wochenhoroskop vom 10.06. bis 16.06.2024 148
Wochenhoroskop vom 17.06. bis 23.06.2024 152
Wochenhoroskop vom 24.06. bis 30.06.2024 156
Wochenhoroskop vom 01.07. bis 07.07.2024 160
Wochenhoroskop vom 08.07. bis 14.07.2024 164
Wochenhoroskop vom 15.07. bis 21.07.2024 169

Wochenhoroskop vom 22.07. bis 28.07.2024 173
Wochenhoroskop vom 29.07. bis 04.08.2024 177
Wochenhoroskop vom 05.08. bis 11.08.2024 181
Wochenhoroskop vom 12.08. bis 18.08.2024 185
Wochenhoroskop vom 19.08. bis 25.08.2024 189
Wochenhoroskop vom 26.08. bis 01.09.2024 193
Wochenhoroskop vom 02.09. bis 08.09.2024 197
Wochenhoroskop vom 09.09. bis 15.09.2024 201
Wochenhoroskop vom 16.09. bis 22.09.2024 205
Wochenhoroskop vom 23.09. bis 29.09.2024 210
Wochenhoroskop vom 30.09. bis 06.10.2024 214
Wochenhoroskop vom 07.10. bis 13.10.2024 218
Wochenhoroskop vom 14.10. bis 20.10.2024 223
Wochenhoroskop vom 21.10. bis 27.10.2024 228
Wochenhoroskop vom 28.10. bis 03.11.2024 233
Wochenhoroskop vom 04.11. bis 10.11.2024 239
Wochenhoroskop vom 11.11. bis 17.11.2024 243
Wochenhoroskop vom 18.11. bis 24.11.2024 248
Wochenhoroskop vom 25.11. bis 01.12.2024 252
Wochenhoroskop vom 02.12. bis 08.12.2024 257
Wochenhoroskop vom 09.12. bis 15.12.2024 262
Wochenhoroskop vom 16.12. bis 22.12.2024 268
Wochenhoroskop vom 23.12. bis 31.12.2024 272
Kontaktmöglichkeiten 276

Bärbel Roy: Über mich

Schon immer hat mich Ungewöhnliches schnell in seinen Bann gezogen.

Durch eine lange Krankheit wuchs mein Interesse, was hinter Krankheiten steckt und welche Aufgaben diese für mich bereithielten. So begann meine Suche, die mit alternativen Heilmethoden begann, über Reiki führte und mich schließlich zur Astrologie brachte.

Es gibt da so ein paar Weisheiten aus spiritueller Sicht, die mir nach späteren Erkenntnissen sehr zu denken gaben:

„Alles, was richtig und zeitgemäß ist, kommt leicht.".
„Gehst du in deine Lebensaufgabe, dann helfen dir alle Elfen und Feen dabei, dein Ziel zu erreichen"

Im Jahr 2009 habe ich mein Steckenpferd Astrologie mit einem Studium untermauert. Ich habe auf so viele Fragen, die mich immer wieder zermürbt hatten, Antworten bekommen. Später kamen dann weitere Kenntnisse im Bereich Numerologie hinzu.

Immer mehr interessierte Menschen kamen auf mich zu und wollten von mir wissen, wie ich wieder auf die Beine gekommen bin und sie wollten zu sich selbst etwas aus astrologischer Sicht erfahren. Ich habe sehr viele Wegweiser in diese Richtung bekommen.

Wenn du akzeptieren kannst, dass du dich selbst leben sollst, bist du schon einen Riesenschritt weiter auf dem Weg deiner Seelenentwicklungsaufgabe.

Aus astrologischer Sicht gibt es auch einen Satz dazu. „Nur starke Menschen bekommen schwere Aufgaben"

Heute kann ich mein Wissen mit der ganzen Welt teilen, und die unglaublichen Kontakte sind eine wunderbare Bereicherung meines Lebens. So kann sich aus dieser schwierigen Zeit, die wir alle erleben, ein sehr positives Ergebnis entwickeln. Denke daran, dass es auf deine Einstellung ankommt!

Alles, was du in deinem Geist produzierst, kannst du auch in die Wirklichkeit bringen. Du musst nur genaue Kennung bekommen, was dein Geist so produziert. Es soll doch schon das sein, was du auch wirklich willst.

Über ein klares astrologisches Persönlichkeitsprofil kann ich dir sehr viele nützliche Informationen liefern, damit du in deine Kraft kommen kannst und auch bleibst. Auf meiner Webseite unter der „Vita" kannst du mehr zu mir erfahren.

Kontaktdaten:

Beratungspaket buchen Hier:
https://baerbel-roy.de/84/beratung

Anmeldung zum Astro-Live-Call Inner-Circle
https://www.baerbel-roy.de/1378/anmeldung-virtuelle-astrostube/inner-circle

meine Meditations CD
https://baerbel-roy.de/89/meditation

andere Artikel
https://baerbel-roy.de/80/reiki

Soziale Netzwerke:
eMail
baerbel.roy@gmail.com

Facebook
https://facebook.com/AstrologieundReiki/

YouTube
https://youtube.com/channel/UC2XUfroPAaMCJQDzWAkjujA

Twitter
https://twitter.com/BrbelRoy

Linkedin
linkedin.com/in/bärbel-roy-79b4b8a5

Instagram
instagram.com/astrofeebaerbelroy/?hl=de

Xing
https://www.xing.com/profile/Baerbel_Roy/portfolio

Telegram
https://t.me/BaerbelRoy

Herzliche Grüße von
Bärbel Roy
Deine Astrologin

Anet Janik: Über mich

Während meiner Palmblattlesungsreise im August 2022 erfuhr ich, dass ich ausgestattet bin mit einer ungewöhnlich großen Anzahl an Talenten. Diese sind u.a. die des Heilers und des Lehrers. Hier lehre ich die Macht der Sprache. Und wie ich nun weiß, wird das Thema Heil-Frequenzen dieses Jahr seine ihm gebührende Aufmerksamkeit bekommen.

Zudem habe ich wohl ein Händchen für Finanzen, Technik und einen riesigen Drang zur Freiheit. Heiler war ich schon immer, und dem Lehrer konnte ich mich nicht entziehen. Meine Liebe zu meinem Geld, zur Technik und Freiheit lebe ich als Die Kryptopreneurin im Bereich Blockchain-Technologie und Kryptowährungen. Auch dort bringe ich meine Teilnehmer weiter in ihre ganz persönliche finanzielle Freiheit.

Meine Klienten sind die, die mit Affirmationen, Meditation, positivem Denken und dergleichen an ihre Grenzen gestoßen oder sogar gescheitert sind, und verstanden haben, dass das alte System der Finanzen und staatlichen Organisationen ausgedient hat.

Sie verstehen nun, wie Leben und Universum funktionieren. Und sie lernen bei mir das Manifestieren, um endlich dauerhaft auf allen Ebenen erfüllt und inspiriert die beste Version ihres gewählten Lebens zu erschaffen.

Herzlichst, Deine Anet Janik
Die Kryptopreneurin &
Gründerin Die SehnsuchtsDesigner

Kontaktmöglichkeiten

Telegram: https://t.me/AnetJanik1
eMail: diesehnsuchtsdesigner@gmail.com

Gespräch: https://die-sehnsuchtsdesigner.youcanbook.me

Homepages: https://die-sehnsuchtsdesigner.com
https://kryptopreneurin.com

Facebook: https://www.facebook.com/diesehnsuchtsdesigner
YouTube: https://www.youtube.com/anetjanik

Danksagung

Einen ganz herzlichen Dank richte ich an all jene Menschen, die es mir auch in diesem Jahr wieder ermöglicht haben, mein nun schon traditionelles Jahrbuch zu veröffentlichen.

Mein besonderer Dank gilt Dir, liebe Anet Janik. Wir arbeiten nun schon das 6. Mal zusammen an der Erstellung des astrologischen Jahrbuches der Wochenhoroskope.

Wir haben uns beide miteinander - und jeder für sich selbst - unglaublich weiterentwickelt. Ich finde unsere unterschiedlichen Blickwinkel und Herangehensweisen an die verschiedenen Arbeitsaufgaben sehr bereichernd und hilfreich für meine Tätigkeit.

Einen großen Dank extra nochmal dafür, dass Du Dir auch dieses Jahr wieder die Zeit genommen hast, trotz Deiner vielen großen und auch kleineren Vorhaben, dieses Buchprojekt gemeinsam mit mir zu verwirklichen.

Ich danke auch Dir, mein treuer Leser und Zuschauer, der Du jede Woche meine Ausführungen verfolgst. Dein Feedback und Deine Inspiration sind mir sehr wichtig. Sie helfen mir immer wieder neu, die astrologischen Themen so verständlich wie nur möglich zu vermitteln.

Nun sei einfach gespannt auf das:

„Jahrbuch der Wochenhoroskope 2024"

Das Jahr der Sonne – im großen Überblick

Die kreative Struktur des numerologischen 8er Jahres wird vom großen universellen Licht durchstrahlt.

Am 20. März, um 04:07 Uhr in der Früh, wandert unser Zentralgestirn, die Sonne, in den Widder und es beginnt ein neuer Jahreszyklus.

Jedem neuen astrologischen Jahr wird ein Jahresherrscher zugeordnet. Der Herrscherplanet für das Jahr 2024 wird von der größten Strahlkraft unseres Sonnensystems repräsentiert. DIE SONNE dominiert das gesamte astrologische Jahr ab dem Frühlingspunkt 20.03.2024 bis zum darauffolgenden Frühlingsbeginn am 20.03.2025 unser zentrales, übergeordnetes Kraftfeld. Sie steht für das Leben selbst, für das Licht, die Wärme, für Erneuerung der Kräfte, das Gedeihen und für Wachstum.

Vom 01.01.2024 bis zum 19.03.2024 herrscht noch Energieplanet Mars über die kosmischen Entwicklungen. Sowohl Mars als auch Sonne sind von ihrer Qualität dem Feuerelement zugeordnet. Auch im neuen Jahr geht es sehr energievoll, enthusiastisch und außerordentlich lebendig zu.

Aus dem Mars-Jahr tragen wir noch die feurige und kämpferische Energie bis in den März hinein. Die Themen Selbstdurchsetzung, Selbstbestimmung, feurige Leidenschaft und große Willensstärke haben den Boden bereitet für die nun zur Ausstrahlung kommende Energie der Sonne, die sich in ihrer umfassenden Präsenz offenbart.

Das neue Jahr ist gekennzeichnet durch sehr große, universelle Neusortierungen, die durch die Platzierung der größten Player am Sternenzelt zum Ausdruck kommen. Es sind so besondere Konstellationen, wie wir sie in unserem jetzigen Erdenleben noch nicht erfahren haben. Man kann sagen, dass die damit zusammenhängenden neuen Entwicklungen über Generationen hinweg von Bedeutung sein werden.

Das numerologische Jahr der 8 in 2024 liefert uns außer der Strahlkraft unseres Zentralgestirns die Fähigkeit des Weitblicks mit. Es lassen sich Prozesse erkennen und überschauen. Daraus ergibt sich eine Fähigkeit, aus einer übergeordneten Perspektive zu verstehen und aus dieser in die Handlung zu treten. Die Geduld der 8er-Energie ist überaus hilfreich, um zielstrebig an einer Sache oder einem Projekt arbeiten zu können, auch wenn sich ein längerer Prozess andeutet. Sie repräsentiert die Kraft der Unendlichkeit.

Themen, die das Jahr 2024 anhand der wichtigsten planetaren Ereignisse mitbringt:

Ganz vorn steht **Plutos** Übergang in den Wassermann: Am 21. Januar 2024 wechselt Pluto, der Planet der Transformation und Erneuerung, in das Zeichen Wassermann. Dies läutet einen Epochen-Wandel ein, der tiefgreifende Veränderungen in unserer Gesellschaft und Kultur mit sich bringen wird. Dieser Wechsel vollzieht sich noch während des ausklingenden Mars-Jahres und erhält dadurch auch die kämpferischen Qualitäten des Mars.

Jupiter wechselt in die Zwillinge am 26.05.2024. Es beginnt eine Welle frischer Energie, die gepaart ist mit zusätzlichen, neuen Möglichkeiten. Es geht um Offenheit und Toleranz dem Andersdenkenden gegenüber. Viele neue Kontakte bereichern das persönliche und gesellschaftliche Leben.

Lilith wechselt in die Waage am 29.06.2024. Die weibliche, rebellische unbändige Kraft des Schwarzen Mondes bringt in der Waage die Themen von Harmonie und Liebe sowie den Umgang mit Sexualität in den Fokus der Aufmerksamkeit. Neue, unkonventionelle Beziehungsmodelle werden gesellschaftsfähig.

Saturn in Harmonie zu Jupiter: Seit dem 08.12.2023.-12.04.2024 stehen Saturn und Jupiter in einem Sextil zueinander. Dies ist eine ausgesprochen förderliche Verbindung. Das beschreibt nun eine Zeit, die gekennzeichnet ist von vielen neuen Chancen, Möglichkeiten, Wachstum und Erfolg. Diese fußen auf sehr realem Boden und bringen Beständigkeit in die zu regelnden Angelegenheiten.

Jupiter geht in eine Konjunktion mit Uranus vom 21.03.-21.05.2024 Das ist eine große glückverheißende Energieballung. Der Große Geist des Wissens (Jupiter) verbindet sich mit den universellen Bewusstseinsinhalten und den wissenschaftlich-technisch Forschungen (Uranus). Was für eine grandiose Mischung.

Uranus bildet ein Sextil zu Neptun vom 13.06.- 08.08.2028. Es beginnt eine Zeit, die erfüllt ist von hohen spirituellen und menschlichen Idealen. Sie eröffnet Dimensionen für große neue Kreationen, die innovative Neuerungen mitbringen, die besonders fortschrittlich sind für unser gemeinschaftliches Zusammenleben.

Uranus bildet ein harmonisches Trigon zu Pluto vom 28.07. - 04.11.2024. Mit dieser Verbindung treffen sich zwei große Gesellschaftsplaneten, um gemeinsam eine neue Ära der globalen gemeinschaftlichen Verhältnisse einzuläuten. Diese Konstellation in zwei Luftzeichen hat es so bisher noch nie gegeben.

Merkur kehrt in der Rückläufigkeit wieder in den Löwen ein: Am 15. August 2024 kehrt er, der Planet des Denkens, Kommunizierens und der Geschäfte, in das Zeichen Löwe zurück. Dies ist eine Zeit ehrenhafter, geistiger Präsenz. Wie man auch im Volksmund sagt: „Ein Mann, ein Wort, eine Stimme".

Wir bekommen 5 Finsternisse. Vier davon ereignen sich auf der Partnerschafts-Achse, dem ICH und dem DU, und die 5. steht auf der Achse des Dienens, Helfens und Heilens. Das beschreibt, welche Themen die Finsternisse im 8er Jahr 2024 hervorheben werden.

Es geht in diesem Jahr um das große Thema der Selbstentfaltung und um Wachstum. Neue Potenziale wollen sich entfalten und in unsere Lebensgestaltung Einzug halten. Eine Zeit der Transformation und Erneuerung ist angesagt. „Erfinde Dich neu", ist ein passender Satz dazu. Wir haben die Möglichkeit, unser Leben auf neue Weise zu gestalten. Die Herausforderungen, die sich daraus ergeben, sind wie die Hürden, die ein Sportler in seinem Lauf zu sein Ziel nehmen muss. Wichtig ist, dass das Ziel klar erfasst ist.

Im Detail findest Du die wichtigsten Informationen in den Einzelbeiträgen über die jeweiligen Planetenläufe.

Themen des Jahres 2024 im Überblick

Das Jahr der Sonne 2024 hat ab 20.03.2024, 04:07 Uhr,
5 Finsternisse

Numerologisches Jahr der 8   01.01.2024 - 31.12.2024

Pluto wechselt in Wassermann   am 21.01.2024 - 01:51 Uhr
Jupiter wechselt in die Zwillinge am 26.05.2024 - 00:15 Uhr
Lilith wechselt in die Waage   am 29.06.2024, 10:20 Uhr

Saturn/Jupiter-Sextil   08.12.2023 - 12.04.2024
Uranus/Jupiter-Konjunktion   21.03.2024 - 21.05.2024
Uranus/Neptun-Sextil   13.06.2024 - 08.08.2028
Uranus/Pluto-Trigon   28.07.2024 - 04.11.2024

Das Sonne-Jahr 2024

Wenn wir von einem Sonne-Jahr sprechen, dann ist das die astrologische Betrachtung aus der Perspektive des jährlichen Zyklus der Sonne durch die 12 Tierkreiszeichen.

Die Sonne ist der Jahresregent eines numerologischen 8er Jahres. Da kommt die Herrschaftsenergie der Sonne - respektive Löwe-Qualität - zusammen mit der 8, die der Steinbock-Energie entspricht. Die strukturierende und pflichtbewusste Kraft wird von der Sonne gespeist.

Wie sich diese Verbindung auswirken kann, habe ich im Kapitel zum numerologischen 8er Jahr erläutert.

Unser Jahresregent ist im Jahr 2024 die Sonne. Sie gibt uns Aufschluss über unsere stärksten Kräfte.

Als Zentralgestirn treibt sie seit Urzeiten unser gesamtes Sonnensystem an. Warum ist es interessant, sich der Bedeutung eines Sonne-Jahres zu widmen? Die Sonne ist der Garant für alles Leben auf unserem schönen Planeten. Sie ist nicht nur die strahlende Präsenz am Firmament, sie spendet uns auch die lebenswichtige Wärme und das Licht für das Leben überhaupt. Die gesamten Tages- und Nacht-Zyklen, die Photosynthese, die Sauerstoffproduktion, alles was das Leben ausmacht, geht von unserer Sonne aus.

Die Qualität der Sonne entspricht Helios, oder auch Apollo, dem Sonnengott und wird dem Sternzeichen Löwe zugeordnet. Wir kennen ihn auch in der Entsprechung, des Königs der Tiere.

Die Sonne symbolisiert unsere Schöpferkraft, unsere Ausdrucksfähigkeit, bringt große Willensstärke zum Vorschein, zeigt in aller Deutlichkeit ihre Präsenz und verschafft sich Geltung.

Auch in der astrologischen Betrachtung, nimmt die Sonne eine vordergründige Position ein. Das Sternzeichen, in welchem du geboren wurdest, reflektiert deinen inneren Wesenskern. Es beschreibt eindrucksvoll die Motivation deiner Denk-, Gefühls- und Handlungsmuster. Es bringt zum Vorschein, welche Charaktereigenschaften in dir wohnen und mit welchen Lebenszielen du konform gehst.

Da wo die Sonne steht, befindet sich das unmissverständliche „ICH BIN".

Unsere Sonne bringt die Lebenskraft in uns zur Entfaltung, aktiviert die geistigen Kräfte und versetzt alle Zellen in Bewegung. Sie steht für das eigene innere Licht.

Organisch wird die Sonne, und damit die Löwe-Energie, dem Herzen zugeordnet. Hier gibt es auch gleichzeitig die Verbindung zum Sonnengeflecht, auch Solarplexus genannt. Das entspricht in vielerlei Hinsicht der emotionalen Ebene und dem Magen. Wenn die Lichtkräfte der Sonne durch den Magen, oder Solarplexus, fließen, weitet sich das Areal, und die „Ich bin"-Kraft entfaltet sich. Dann wird Herzenswärme versprüht, die sich auf das ganze Umfeld ausdehnt.

Die Sonne wird in der Numerologie auch der Zahl 1 zugeordnet, was für die Große Erneuerung steht. Das darf uns alle zuversichtlich stimmen. Die Sonne und die 1 bringt große Führungskompetenz mit und demonstriert die völlige Präsenz.

Das ist für uns im neuen Jahr besonders wichtig. Darauf sollte sich auch jeder vorbereiten. Wie das dann jeder für sein eigenen Leben umsetzt, hängt von den persönlichen Sternenkonstellationen ab. Das muss dann im Detail besonders angesehen werden. Dafür erstelle ich auch wieder gern die persönliche Jahresvorschau.

Übrigens wird die Qualität der 1–Sonne im Tarot der Karte des Magiers zugeordnet. Auch die Entsprechung dieser Karte bestätigt die besondere Kraft, Willensstärke und Präsenz. Der Magier zieht das in sein Leben, worauf er seine Aufmerksamkeit richtet.

Unter den Erzengeln wird die Zahl 1 dem Erzengel Michael zugeschrieben. Er repräsentiert den größten und lichtvollsten Engel unter den göttlichen Heerscharen. Er repräsentiert den Großen Götterschutz, er führt aber auch das Schwert der Gerechtigkeit. Er paart seine Macht mit Autorität auf der Basis von Wahrhaftigkeit. Daran kann man schon erkennen, mit welch großer, lichtvoller Kraft wir in das Jahr 2024 hineingehen.

Übrigens tragen Menschen deutlich den Stempel dieser Kräfte in sich, wenn sie an einem 1.,10.,19., oder 28. eines beliebigen Monats geboren wurden. Wenn du Fragen dazu hast, komme einfach gern in ein Gespräch mit mir.

Was macht das Jahr 2024 außerdem für uns interessant?

Wir haben in 2024 wieder nach 4 Jahren ein Schaltjahr. Ein Schaltjahr ist ein Jahr, in dem ein zusätzlicher Tag hinzugefügt wird, um den Kalender in Einklang zu bringen mit der tatsächlichen Zeit, die unsere Erde für die Umrundung der Sonne benötigt. Das liegt daran, dass unsere Erde genau 365,25 Tage benötigt für einen Umlauf. Um diese 0,25 Tage im Kalender auszugleichen, wurde dem kürzesten Monat des Jahres, dem Februar, ein zusätzlicher Tag, der 29. Februar, hinzugerechnet. Das ist alle 4 Jahre der so genannte Schalttag im Schaltjahr. Diese Anpassung verhilft dazu, dass die Erdenbewegung im All in Übereinstimmung gebracht werden kann.

Unser besonderes Kraftfeld dieses Jahres wird zweifellos vom Zentralgestirn Sonne repräsentiert.

Wenn wir uns die Qualitäten vor Augen führen, die mit der Energie des Löwen, der Zahl 1, der Karte des Magiers und dem Erzengel Michael im Zusammenhang stehen, kann man sich daraus viele der strahlenden, großartigen Möglichkeiten ableiten.

Die folgende Aufzählung der Entsprechungen kannst du für dich adaptieren, um diese Kräfte in dir und für dich in Bewegung zu bringen. Wende sie auf deine eigene Lebenssituation, deine Ziele, Hoffnungen und Wünsche an.

Die Sonne

ist strahlende Macht, sie vitalisiert, spendet Lebenskraft, bringt das Gewünschte zum Vorschein, symbolisiert männliche Energie und Väterlichkeit, zeigt Autorität und Schöpferkraft, symbolisiert Ehrgeiz und Stolz, schützt, heilt, ermutigt, ist die erschaffende Energie im Universum, erreicht gesetzte Ziele, fördert Wachstum, ist verehrungswürdig, ist herrschaftliche Kraft, ist unterstützend und dominant, bringt etwas ans Licht und verwandelt.

In Kombination mit der numerologischen 8er Energie, wird die Kraft der Sonne zusätzlich bedeutenden Fokus bekommen. Wie ein Laserstrahl kann man im 8er Jahr seine Ziele ausrichten und dorthin gelangen, wo man hinwill. Du musst das nur gut mit deinem Lebensplan abgleichen, damit du im Einklang mit deinem universellen Auftrag unterwegs bist.

In den anderen Zusatzartikel sind noch weitere Unterstützer für das Jahr 2024 beschrieben. Damit kannst du dir deinen Fahrplan für das neue Jahr gut zusammenstellen. Die zeitlichen Auslöser für Neuentwicklungen sind in den einzelnen Wochenhoroskopen deutlich erläutert.

Das numerologische 8er-Jahr

Die Qualitäten der Zahl 8

Ein ausgezeichneter Spürsinn, das Richtige im richtigen Moment an der richtigen Stelle in die Wege zu leiten

Die 8er Energie beinhaltet die interessante Fähigkeit, heilsame Prozesse anzustoßen,

Sie bringt ein gutes Händchen für den Umgang mit Kindern mit und ist mit künstlerischen, kreativen und musikalischen Fähigkeiten ausgerüstet.

Die Zahl 8 bringt die Fähigkeit des Weitblickes mit. Es lassen sich Prozesse erkennen und überschauen. Daraus ergibt sich eine Fähigkeit, aus einer übergeordneten Perspektive zu verstehen und aus dieser zu handeln.

Das bringt große Verantwortung mit, denn das Wissen darum, dass Gedanken unglaubliche Kräfte in Bewegung setzen, fordert zu einer besonderen Achtsamkeit auf.

Mit der Qualität der 8er Energie ist der große Plan hinter den Geschehnissen erkennbar.

Es ist auch leichter ersichtlich, welche Gedankenmuster sich hinter bestimmten Kampagnen oder Werbeaktivitäten verbergen.

In der 8 verbirgt sich der Code zur Heilungsfähigkeit, auf persönlicher, aber auch gesellschaftlicher Ebene.

Die 8er Kraft bringt Seele und Körper einander näher, um ein lebenswertes Körperhaus für die Seele zu kreieren.

Die Geduld der 8er Energie ist sehr hilfreich, weil sie zielstrebig an einer Sache oder einem Projekt arbeiten lässt, auch wenn sich ein längerer Prozess andeutet.

Die Zahl 8 lässt auf langanhaltende und große Energiequellen schließen. Das ist eine Kraft, die auch mit Langlebigkeit assoziiert wird.

Die 8er Energie bringt viel Tatkraft mit, wenn sie richtig genutzt wird, weil immer eine neue Idee zur Verfügung steht.

Wenn 8er Energie brach liegt, kann sie in Trägheit abrutschen und in der schönen Vorstellung, und den damit verbundenen Hoffnungen und Wünschen, stecken bleiben.

Mit der 8er Energie braucht es im neuen Jahr 2024 auch viel mehr Aufmerksamkeit und Verständnis für die Belange einer empfindsamen Seele. Und hier geht es auch und besonders um unsere Volksseele schlechthin.

Es geht um Verständnis, Geduld und Zuneigung sich selbst und auch seinem Nächsten gegenüber.

Die Zwischentöne in jeder Interaktion liefern die nötigen Aha-Momente, um adäquat handeln zu können.

Interessant ist auch, dass die 8 zum Beispiel auch dem Saturn oder dem Steinbock zugeordnet wird. Das würde man mit dieser tiefen emotionalen Komponente ja gar nicht vermuten. Aber gerade in dieser absorbierten, geschützten Hülle des strukturierten Prinzips des Saturn oder Steinbock liegt die große Fähigkeit, langfristig, zielklar und ausdauernd an einer Sache dranzubleiben.

Da werden Emotionen gern in den Hintergrund geschoben, um der größeren Sache willen. Es gibt auch Entsprechungen, die auf Skorpion-Energie hinweisen, wenn es um die Zahl der 8 - das Unendlichkeitssymbol - geht. Beide Kräfte, sowohl Steinbock als auch Skorpion mit ihren Zeichenherrschern Saturn und Pluto, stehen für den großen Prozess des unendlichen Kreislaufes.

Zum Saturn gehört mit der Entsprechung der 8 auch viel Selbstbeherrschung und Selbstdisziplin. Es geht auch um deine eigene Sicherheit, sowohl persönlich als auch beruflich-geschäftlich und finanziell. Also mag hier der Hintergrund in der Verantwortung liegen, für sein Heil und seinen Segen in Bewegung zu gehen. Die Energie der 8 wirkt oft aus dem Hintergrund und reflektiert die große Kraft, die in der allumfassenden Ruhe des Universums verborgen liegt. Das wird auch gut interpretiert in der Volksweisheit: „In der Ruhe liegt die Kraft".

Ich zeichne mal ein gedankliches Bild:

Im großen Wald der schwer erkennbaren und vielfältigen Richtungen wird eine Schneise besonders breit und umfangreich beleuchtet. Das könnte man als begrenzend empfinden. Aber hierin verbirgt sie die Chance, auf kreative Weise seine klaren Ziele wieder zu erkennen und sich auf den Pfad der Erfüllung zu begeben.

Dieses Beispiel mit dem Wald kann man als eine Metapher ansehen, die sich aus der Kombination der Qualität des 8er Jahres und dem Jahr der Sonne in 2024 eröffnet. Dieses geistige Bild macht verständlich, dass es auf die Zielklarheit im neuen Jahr ankommt und die Sonne auf deinem Weg alles ausleuchten kann, wenn man du dich auf den Weg begibst.

Ich finde es eine sehr erfreuliche und spannende Kombination beider Komponenten. Mal schauen, wie das im neuen Jahr so zum Tragen kommen wird. Wir dürfen uns diesbezüglich auch mehr darin üben, unsere Aufmerksamkeit zu trainieren, um bestimmte Erfahrungen im eigenen Leben besser einordnen zu können. Man kann dann sehr leicht und ziemlich schnell erkennen, ob man auf dem richtigen Weg ist.

Das Jahr der 8 entspricht dem Erzengel Haniel

Bei Erzengel Haniel geht es darum, den Quantensprung zu wagen und sich neue Welten zu erschließen. Unterdrückte Gefühle wollen angeschaut werden. Erzengel Haniel unterstützt den kreativen Ausdruck, um als Lichtarbeiter in die Eigenverantwortung zu gehen. Die Präsenz geistiger Kräfte gewährleistet die schöpferische Macht, um in Demut mit dem göttlichen Geist verbunden zu bleiben und zum Wohle der Erde und der Menschen wirksam zu sein. Er macht deutlich, dass jeder Gedanke und jede Handlung auf universeller Ebene die gesamte Menschheit beeinflusst.

Deine hilfreiche Affirmation

Ich bitte um Frieden für mich und andere. Ich bitte um Erkenntnis für mich und andere. Ich bitte um Schutz für mich und andere. Ich bin ein Teil des Universums, das Universum ist ein Teil von mir. Ich bin das Universum selbst.

Diese Energie ergänzt sich sehr gut mit unserer strahlenden Sonne.

Die vielen Möglichkeiten, die uns das Jahr 2024 mit seinem Jahresherrscher Sonne beschert, sind in dem Artikel beschrieben, den ich dem Jahr der Sonne gewidmet habe.

Finsternisse im Jahr 2024

Halbschatten-Mondfinsternis

25.03.2024, 04:53:16 - 10:32:27 Uhr

Sie ist zu sehen: In Großteilen von Europa, Nord/Ost-Asien, Großteil von Australien, Großteil von Afrika, Nordamerika, Südamerika, Pazifik, Atlantik, Arktis, Antarktis.

Vollmond um 07:55 Uhr auf 05°04 Waage

Totale Sonnenfinsternis

08.04.2024, 15:42:15 - 22:52:19 Uhr

Sie ist zu sehen: in West-Europa, Nordamerika, nördliches Südamerika, Pazifik, Atlantik, Arktis.

Neumond um 19:20 Uhr auf 19°24 Widder

Partielle Mondfinsternis

18.09.2024, 00:41:07 - 06:47:27 Uhr

Sie ist zu sehen: in Europa, Großteilen von Asien, Afrika, Nordamerika, Südamerika, Pazifik, Atlantik, Indischer Ozean, Arktis und Antarktis.

Vollmond um 03:30 Uhr auf 04°06 Fische

Ringförmige Sonnenfinsternis

02.10.2024, 15:42:59 - 23:47:00 Uhr

Sie ist zu sehen: in Nordamerika, Großteilen von Südamerika, Pazifik, Atlantik und Antarktis.

Neumond um 19:45 Uhr auf 10°01 Waage

Fast-Mondfinsternis

17.10.2024

Der Mond wird fast in den Erdschatten eintauchen und eine beeindruckende Färbung annehmen. Dies lässt auf ein spektakuläres Schauspiel in den späten Abendstunden hoffen.

Berechnungen zufolge soll dieses Ereignis nicht auf der Erde sichtbar sein, da der Erdschatten den Mond knapp verfehlt. Lassen wir uns einfach überraschen.

Planetenübergänge 2024

Sonne:

20.01.2024, 15:08 Uhr in Wassermann

19.02.2024, 05:13 Uhr in Fische

20.03.2024, 04:07 Uhr in Widder   - Frühlingspunkt

19.04.2024, 15:00 Uhr in Stier

20.05.2024, 14:00 Uhr in Zwillinge

20.06.2024, 21:51 Uhr in Krebs   - Sommersonnenwende

22.07.2024, 08:44 Uhr in Löwen

22.08.2024, 15:55 Uhr in Jungfrau

22.09.2024, 13:43 Uhr in Waage   - Herbst-Tag-&-Nacht-Gleiche 14:43 Uhr

22.10.2024, 23:15 Uhr in Skorpion

21.11.2024, 20:57 Uhr in Schütze

21.12.2024, 10:21 Uhr in Steinbock   - Wintersonnenwende

Mondphasen

Neumond:

11.01.2024, 12:52 Uhr   Steinbock

09.02.2024, 23:55 Uhr   Wassermann

10.03.2024, 10:00 Uhr   Fische

08.04.2024, 19:20 Uhr   Widder

08.05.2024, 04:20 Uhr   Stier

06.06.2024, 13:35 Uhr   Zwillinge

05.07.2024, 23:55 Uhr   Krebs

04.08.2024, 12:08 Uhr   Löwe

03.09.2024, 02:50 Uhr   Jungfrau

02.10.2024, 19:45 Uhr   Waage

01.11.2024, 13:45 Uhr   Skorpion

01.12.2024, 07:20 Uhr   Schütze

30.12.2024, 23:25 Uhr   Steinbock

Vollmond:

25.01.2024, 18:50 Uhr   Wassermann/Löwe

24.02.2024, 13:28 Uhr   Fisch/Jungfrau

25.03.2024, 07:55 Uhr   Widder/Waage

24.04.2024, 00:45 Uhr   Stier/Skorpion

23.05.2024, 14:50 Uhr   Zwillinge/Schütze

22.06.2024, 02:05 Uhr   Krebs/Steinbock

21.07.2024, 11:15 Uhr   Krebs/Steinbock

19.08.2024, 19:25 Uhr   Löwe/Wassermann

18.09.2024, 03:30 Uhr   Jungfrau/Fische

17.10.2024, 12:25 Uhr   Waage/Widder

15.11.2024, 22:25 Uhr   Skorpion/Stier

15.12.2024, 10:00 Uhr   Schütze/Zwillinge

Merkur:

Merkur rückläufig bis 02.01.2024

14.01.2024, 03:50 Uhr in Steinbock

05:02.2024, 06:10 Uhr in Wassermann

23.02.2024, 08:29 Uhr in Fische

10.03.2024, 05:03 Uhr in Widder

Merkur rückläufig
01.04.2024, 23:14 Uhr - 25.04.2024, 13:55 Uhr

15.05.2024, 18:05 Uhr in Stier

03.06.2024, 08:37 Uhr in Zwillinge

17.06.2024, 10:07 Uhr in Krebs

02.07.2024, 13:50 Uhr im Löwen

25.07.2024, 23:47 Uhr in der Jungfrau

Merkur rückläufig ab
05.08., 05:55 Uhr - 28.08.2024, 22:15 Uhr

15.08.2024, 01:15 Uhr Wiedereintritt in den Löwen

09.09.2024, 07:50 Uhr in Jungfrau

26.09.2024, 09:09 Uhr in Waage

13.10.2024, 20:24 Uhr in Skorpion

02.11.2024, 20:18 Uhr in Schütze

Merkur rückläufig ab
26.11.2024, 03:42 Uhr - 15.12.2024, 21:57 Uhr

Venus:

23.01.2024, 09:50 Uhr in Steinbock

16.02.2024, 17:05 Uhr in Wassermann

11.03.2024, 22:50 Uhr in Fische

05.04.2024, 05:00 Uhr in Widder

29.04.2024, 12:31 Uhr in Stier

23.05.2024, 21:30 Uhr in Zwillinge

17.06.2024, 07:20 Uhr in Krebs

11.07.2024, 17:19 Uhr im Löwen

05.08.2024, 03:23 Uhr in Jungfrau

29.08.2024, 14:23 Uhr in Waage

23.09.2024, 03:36 Uhr in Skorpion

17.10.2024, 20:29 Uhr in Schütze

11.11.2024, 19:26 Uhr in Steinbock

07.12.2024, 07:14 Uhr in Wassermann

Mars:

04.01.2024, 15:58 Uhr in Steinbock

13.02.2024, 07:05 Uhr in Wassermann

23.03.2024, 00:48 Uhr in Fische

30.04.2024, 16:33 Uhr in Widder

09.06.2024, 05:35 Uhr in Stier

20.07.2024, 21:43 Uhr in Zwillinge

04.09.2024, 20:46 Uhr in Krebs

04.11.2024, 05:10 Uhr im Löwen

Mars rückläufig ab
07.12.2024, 00:30 Uhr - 24.02.2025, 02:55 Uhr

Jupiter:

26.05.2024, 00:15 Uhr in Zwillinge

Jupiter rückläufig ab
09.10.2024, 08:08 Uhr - 04.02.2025, 10:55 Uhr

Saturn:

Saturn rückläufig ab
29.06.2024, 20:06 Uhr - 15.11.2024, 15:17 Uhr

Uranus:

Uranus rückläufig ab
01.09.2024, 16:17 Uhr - 30.01.2025, 17:20 Uhr

Neptun:

Neptun rückläufig ab
02.07.2024, 11:40 Uhr - 08.12.2024, 00:48 Uhr

Rückläufigkeit beginnt auf 59°55`55 = kosmische Spalte

Pluto:

21.01.2024, 01:51 Uhr Wechsel in Wassermann

02.09.2024, 00:56 Uhr Eintritt in Steinbock

Pluto rückläufig ab
02.05.2024, 18:50 Uhr - 12.10.2024, 00:31 Uhr

19.11.2024, 21:30 Uhr Eintritt in Wassermann

12.10.2024, 00:32 Uhr Pluto vorwärts

Lilith

29.06.2024, 10:20 Uhr wechselt Lilith in die Waage

Pluto im Wassermann
am 21.01.2024, um 01:51 Uhr

PLuto, unser tiefgreifender Wandler und Transformationsplanet, tritt am 21.01.2024 wieder vom kontrollierenden Steinbock in den innovativen Wassermann ein. 15 Jahre lang transformierte er höchst intensiv sämtliche Strukturen, die vom Sternzeichen Steinbock repräsentiert werden. Wir haben es selbst erlebt, wie sich in allen Behörden, Einrichtungen, Institutionen und Ämtern ein riesiger Wandel abgespielt hat.

Mit Plutos zweitem Übergang in den Wassermann im Januar 2024 ist der große Prozess weitestgehend abgeschlossen. Ein neues Thema steht jetzt zur totalen Transformation im Fokus.

Pluto im futuristischen, revolutionären, technisierten, spirituell veranlagten und sehr unkonventionellen Wassermann wird nun bis zum Jahr 2044 sein Werk in diesem Zeichen ausführen. Pluto bleibt dann, bei seinem nun zweiten Eintritt in den Wassermann, bis zum 02.09.2024 hier präsent. Dann geht er noch einmal 2 Monate zurück in den Steinbock, um die letzten Bereinigungen in den Institutionen, Behörden und staatlichen Einrichtungen abzuschließen. Damit sind die genannten Bereiche durch eine große Transformation hindurch gegangen und auf die neue Zeit eingeschwungen.

Am 19.11.2024, um 21:30 Uhr, wird Pluto vollständig in den unkonventionellen Wassermann einmarschieren, um sein Werk hier zu verrichten.

Pluto ist der Planet, welcher am längsten benötigt, um durch unseren gesamten Sternenkreis zu wandern. Das sind zwischen 246 und 248 Jahre.

Damit ist dieser Langsamläufer besonders im Zusammenhang mit gesamtgesellschaftlichen Veränderungen zu betrachten. Auch Neptun und Uranus werden den Gesellschaftlichen Planeten zugeordnet. Immer, wenn diese Planeten große Wechsel vollziehen im Sternenkaleidoskop, sind auch besondere gesellschaftliche Prozesse im Gange. Pluto hat von den drei Gesellschaftsplaneten die intensivste und tiefgründigste Wirkung.

Er gibt an, in welche Richtung es geht, und das bis in den Urgrund. Wie eine Bodenwalze die bereit gemacht wird, um alles umzupflügen, was mit den Qualitäten des Wassermanns im Zusammenhang steht. Mit diesem Übergang von Pluto beginnt eine nun Ära.

Im Wassermann will Pluto lebensfeindliche Regeln revolutionieren. Das Thema Freiheit, Gleichheit, Brüderlichkeit steht ganz oben auf der Liste des Transformationsauftrages. Wer gern selbst recherchieren will, wird deutliche Parallelen zur Französischen Revolution erkennen. Auch zu damaliger Zeit wanderte Pluto durch den innovativen, freiheitsliebenden Wassermann.

In der heutigen Zeit geht es um ein stärkeres Bewusstsein für die eigene Identität.

Im Fokus stehen ab jetzt im Globalen und im Besonderen die Themen:

- digitale Selbstbestimmung,
- Künstliche Intelligenz,
- Globalisierung auf vielen Gebieten

Diese sich abzeichnenden Umwälzungen können sich unterschiedlich manifestieren. Grundsätzlich sind sehr revolutionäre Tendenzen aktiv, die für mächtige Unruhen sorgen können. Das wird dadurch deutlich, dass die jetzige Fraktion der Mächtigen ihre Vormachtstellung nicht freiwillig aus der Hand geben. Auch wenn ihnen sehr wohl klar ist, dass sie aus ihren Fenstern der alten Strukturen bereits das Neue Leben sehen können.

Jeder kann allerdings für sich entscheiden, ob er einen friedlichen Weg in der Transformation einschlagen will. Das zeigt sich dann in der Übernahme der Verantwortung für sein eigenes Leben, für seine Erfahrungen. Das betrifft sowohl die Erfolge als auch die Misserfolge.

In der sich anbahnenden neuen Zeit kündigen sich neue Gesellschafsmodelle an. Die Spaltung unserer Gesellschaft führt uns deutlich vor Augen, wie wichtig es ist, seine eigenen Prioritäten zu erkennen. Soziale Ungerechtigkeit führt zu großen Zerwürfnissen, auch im zwischenmenschlichen Bereich. Ein großer Prozess der gesellschaftlichen Umgestaltung ist im Gange.

Es wird immer stärke von Bedeutung sein, sich in Gruppen und Gemeinschaften zu organisieren, die eine gleiche Gesinnung und ähnliche Zielausrichtung haben.

Pluto, der Planet der Macht und der Masse, steht nun im Zeichen der Gruppen, Gemeinschaften, Organisationen, Freundschaften, der Individualität und auch des humanitären Überbewusstseins. Genau dort ist jetzt, für die kommenden 20 Jahre, der große weltumspannende Transformationsprozess im Gange.

Pluto im Wassermann bringt Ungereimtheiten ans Licht und verlangt eine Aufarbeitung, um zu einer ausgleichenden Gerechtigkeit zu gelangen. Es geht darum, sich wahrhaftig und authentisch zu zeigen. So kann man auch die Menschen in sein persönliches Leben ziehen, die zu einem wirklich passen. Das bringt uns eine echte Chance auf ein lohnenswertes Leben. Die ehrlichen menschlichen Kontakte werden eine wesentliche Rolle spielen, in einer Zeit der immer stärker voranschreitenden Technisierung.

Auch hier wird es in der Verantwortung jedes Einzelnen liegen, ob wir uns von der Technik beherrschen lassen oder ob sie uns dient. Dafür braucht es allerdings auch erstmal ein grundlegendes Verständnis für die technischen Prozesse, damit man den Unterschied erkennen lernt. Aber auch für die vielen neuen Möglichkeiten der Wissenserweiterung ist in der neuen Zeit in vollem Umfang gesorgt. Du wirst alles an die Hand bekommen, um dich eigenverantwortlich weiterzubilden, ganz wie dein Herz es begehrt.

Merkst du, worauf es für dich in diesem Zusammenhang ankommt? Du brauchst einen Zugang zu deiner eigenen Zielklarheit. Du wirst auch viele Plattformen zu Verfügung bekommen, auf denen du lernst, was dein eigenen Seelenauftrag ist. Denn genau auf diesen Pfad will das Universum dich in dieser unglaublichen Umbruchphase führen.

Es kommt nur auf deine Bereitschaft an, in die neue Zeit einzutreten und dir und allen deinen Mitmenschen mit deinem Potenzial dein einzigartiges Geschenk darzureichen.

Während der Zeit, in der Pluto durch den Wassermann wandert, wird auch Uranus dann 2025 in das Luftzeichen Zwillinge überwechseln. Das läutet die nächste Stufe der Luft-Ära ein. Es will mehr Leichtigkeit in das Leben kommen.

Die Technik wird den größten Teil des Arbeitsprozesses übernehmen. Damit ist schon angezeigt, dass sich die Arbeitswelt gravierend verändern wird. Richtig verstanden, kann der Mensch in fernerer Zukunft ein menschlicheres Dasein führen, und erkennt, wo er Sklave seiner eigenen Beschränkungen war.

Durch großartige neue Forschungsprojekte können völlig neue Dimensionen für unser Leben offenbart werden. Aber alles hängt an deiner eigenen inneren Bereitschaft, selbst das Zepter deines Lebens in die Hand zu nehmen. Dann wirst du das riesige Buffet der Möglichkeiten auch wirklich nutzen und viel für dich und deine Lieben bewegen können.

Der Themenkreis der neuen Entwicklungen geht in die Richtung neuer Heilmethoden auf Frequenz-Basis, neuer Fortbewegungsmittel, neuer Kommunikationsmittel und Wege. Das ist nur ein kleiner Ausschnitt aus dem Portfolio an Möglichkeiten. Das Jahr 2024 hat mit seinem Jahresregenten Sonne alle Vorteile zur optimalen Nutzung der neuen Entwicklungen zur Verfügung und mit der numerologischen 8er Energie die nötige Ausdauer, Disziplin und das Durchhaltevermögen zur erfolgreichen Umsetzung der Ziele.

Es kann sich auch ein völlig neues Wertebewusstsein daraus ergeben. Wie gehen wir in Zukunft mit Geld und Besitz um? Welche Bedeutung werden wir diesen beimessen und wofür wollen wir es einsetzen?

Durch die immer weiter wachsende Bewusstheit unter den Menschen wird zusehends klarer, wie Gedanken Materie beeinflussen und wie man manifestieren kann. Auch dafür braucht man selbst einen klaren Fokus.

Es liegt in unserer eigenen Hand, wie technische und spirituelle Entwicklung im harmonischen Kontext von Ethik und Moral angewendet werden. Wir sind in einem Feld unterwegs, das vor uns noch keine andere Generation betreten hat. Deshalb ist es Abenteuer, Risiko und Pfadfinder-Zeitqualität in einem.

Auf der anderen Seite besteht auch die Möglichkeit, mit der Technisierung seine ganze Verantwortung in die Hände anderer zu legen und zu hoffen, dass dann alles geregelt wird, z.B. mit Bürgergeld oder anderen staatlich subventionierten Zuwendungen. Das Problem hinter dieser Verlockung besteht in der sich schleichend entwickelnden Anhängigkeit von Institutionen oder Einrichtungen.

Wir haben die Wahl. Grundsätzlich haben wir immer die Wahl. Wir müssen es nur erkennen.

Jupiter in Zwillinge
ab 26.05.2024, um 00:15 Uhr

Unser allseits gepriesener Glücksplanet Jupiter wandert in das Sternzeichen Zwillinge, genau am Sonntag, den 26.05. um 00:15 Uhr.

Jetzt kannst du dich bereit machen für zusätzliche aufregende Abenteuer!

Jupiter ist der Zeichenherrscher des Sternzeichens Schütze. Deshalb sind auch die Themen dieses Sonne-Zeichens stark aktiviert. Die Vorliebe für Philosophie, Recht, Gesetz und Gerechtigkeit wird stärker in den Fokus gerückt. Man spricht über das Für und Wider der verschiedensten religiösen Grundausrichtungen. Es geht um Offenheit und Toleranz dem Andersdenkenden gegenüber.

Mit einem Jupiters-Wechsel in die Zwillinge können wir eine Welle frischer Energie und zusätzlicher neuer Möglichkeiten erwarten. Das Sternzeichen Zwillinge wird den Luftzeichen zugeordnet. Die Zwillinge sind für ihre Neugier und Anpassungsfähigkeit bekannt. Mach dich also auf intellektuelle Anregungen und einen größeren Wunsch nach sozialen Kontakten gefasst. Diese kosmische Kombination ermutigt uns, den Geist ständig zu erweitern, unterschiedliche Perspektiven in die Betrachtung aufzunehmen und durch Kommunikation oder Reisen nach aufregenden Erlebnissen zu suchen.

Wer in dieser Zeit ein neues Wissensgebiet erlernen will oder ein Studium beginnt, ist besonders unterstützt von dieser Jupiter-Position.

Spannend wäre in dieser Zeit auch, den Fokus auf eine geschichtliche Aufarbeitung zu legen. Der Geist aktiviert die Fähigkeit, komplexe Zusammenhänge aus Gesellschaft, Politik und Wirtschaft in einen logischen Kontext zu stellen und damit geschichtliche Entwicklungen zu erfassen, zu verstehen und auch verbal als Leerstoff zu vermitteln.

Gut möglich, dass uns viele neue Erfahrungsberichte über die unterschiedlichsten Medien vermittelt werden. Die Medien an sich haben mit dieser Jupiter-Position eine wichtige Rolle. Neue Formen der Vermittlung von Wissen haben jetzt auch gute Chancen, in die Welt zu kommen.

In der Zeit mit Jupiter in Zwillinge haben wir ausgesprochen große Chancen, viele neue Kontakte zu knüpfen. Das unterstützt alle Berufszweige, die besonders viel mit Menschen zu tun haben.

Es ist ebenfalls gut möglich, dass wir informiert werden über bahnbrechende neue Erfindungen, oder selbst das Bewusstsein dafür geöffnet haben. Der Geist sprudelt nur so vor neuen Ideen. Es ist auch eine Zeit, die sehr umtriebig machen kann. Die Synapsen sind ständig beschäftigt. Deshalb ist es sicher auch mal ratsam, eine mentale Pause einzulegen.

In den Legenden aus dem Tierreich wird den Zwillingen mit seiner luftigen, fröhlichen und flattrigen Energie gern der Schmetterling zugeordnet. Der flattert von Blüte zu Blüte und bestäubt alles, was er anfliegen kann. Er ist nicht dazu geboren, an einem Ort oder auf der Stelle zu verweilen. Er muss fliegen und sich bewegen. Und mit der Unterstützung von Jupiter ist er heiter und beschwingt auf so vielen Kornfeldern unterwegs, wie er erreichen kann und verkündet dabei frohe Botschaften. Auch, wenn sie nicht in jedem Fall nachprüfbar sind, so geben sie doch sehr viel Aufschwung und Hoffnung. So bewegt sich das geistige Grundkraftfeld mit Jupiter in Zwillinge im Jahr 2024 zumeist in höheren Ebenen des Denkens.

Es ist, als hätten wir einen himmlischen Cheerleader an unserer Seite, der uns ermutigt, Risiken einzugehen und unseren Horizont zu erweitern. Also schnallen wir und an und freuen uns auf die bevorstehende Zeit, denn Jupiter in Zwillinge hält einige unglaubliche Überraschungen für uns bereit!

Saturn in den Fischen bis Februar 2026

Saturn wandert seit dem 07.03.2023 bis zum 24.05.2025 und dann vom 31.08.2025 bis zum 13.02.2026 durch die Fische.

In dieser Position ermutigt dich Saturn, deine Gefühle mehr zu zeigen und andere an dich heranzulassen.

Saturn in den Fischen kann sich als problematisch erweisen. Der karmische Planet Saturn als Begrenzer und Hüter der Schwelle, der klare Realitätsfaktor, wandert in das karmische Zeichen Fische. Dort regiert Planet Neptun, der sich oft als der verschleiernde Tiefseetaucher entpuppt. Dort hat es ein klarer Saturn schwer, festen Boden zu finden. Er ist im tiefen Wasserbecken.

Es können vergangene Ereignisse leicht an die Oberfläche gespült werden, weil Saturn Klarheit will. Das kann in Ängste oder neurotische Zustände führen. Neptun möchte nicht gern der Wahrheit und Klarheit ins Auge blicken. Es kann sich in Sorgen und Verdrießlichkeit äußern, weil der Schleier des Verborgenen auf einmal gelüftet wird.

Wenn allerdings Saturn in den Fischen richtig gelebt wird, sind die Chancen groß, aus beiden Qualitäten die besten Ergebnisse zu produzieren.

Diese Verbindung bringt eine gute psychologische Begabung mit und befähigt, hinter die Kulissen des Offensichtlichen zu schauen. Das wäre doch ein echter Segen für die momentan so unklaren Verhältnisse in unserer Menschengemeinschaft.

Es befähigt, hilfreich in allen gesundheitlichen Fragen zu agieren, wenn diese Stellung des Saturns richtig gelebt wird. Es besteht eine Gabe zu tiefer meditativer Versenkung und Einkehr. Mit dieser Saturn-Position sind wir auch aufgefordert, immer wieder Ruhe und ein gewisses Maß an Einsamkeit zu pflegen. Das kann uns zu tiefer Einsicht führen und damit die Kräfte wieder sammeln, um neu am Leben teilzunehmen.

Diese Position ruft auf zu einer objektiven Betrachtung der eigenen Situation und persönlichen Verhältnisse. So lässt sich eine Standortbestimmung vornehmen.

Saturn ist das kardinale Erdzeichen und bringt Festigkeit, Verlässlichkeit und Beständigkeit als Qualität ein. Fische ist das Auflösungszeichen schlechthin und will sich gern dem Geschehen hingeben und im Urvertrauen dem Strom folgen. Diese Kombination ist etwas schwierig. Aber ich kann sagen, sie ist auch sehr verheißungsvoll und fruchtbar, wenn die Chancen erkannt werden.

Wenn wir das aus der Sicht der Elemente betrachten, ist diese Kombination sogar richtig gut. Wasser (Fische) benötigt Ufer (Erde, Saturn). Beide können sich gegenseitig mit ihren besten Veranlagungen unterstützen. Damit ist ein sehr fruchtbares Zusammenwirken möglich.

Darauf darf dann auch Saturn vertrauen, denn Fische sind sehr intuitiv und folgen ihren Eingebungen schon fast traumwandlerisch.

Saturn bringt es dann auf die Erde, was heißen will, dass er realisieren kann, was Fische im Traum erkannt haben. Wie wunderbar.

Wichtig ist, rechtzeitig die Fallstricke zu erkennen, die sich bei dieser Saturn-Position ankündigen können.

Beide Vertreter sind wiederum stur. Man will auf jeden Fall etwas erreichen. Dann doch am allerbesten gemeinsam. Das wäre die beste Form, diese Saturn-Position zu leben.

Eigenschaften, die diese Position mit sich bringt:

Günstige Ausprägungen

- Bescheidenheit, Einfühlungsvermögen
- Rückzugstendenz, Ruhebedürfnis, Mitgefühl
- Verständnis, Arbeiten im Verborgenen
- Psychologisches Talent, tiefgründiges Denken
- wissenschaftlich forschend
- tierlieb, sensibel, künstlerische Fähigkeiten
- schriftstellerische Begabung, starke Vorstellungskraft

Schwierige Ausprägungen

- Vereinsamung, Unsicherheit, Geplagt von Ängsten
- Sündenbocknatur
- Gefühl von Schutzlosigkeit, Selbstmitleid, Opfermentalität, Selbstzweifel
- in der Vergangenheit verhaftet, Sorgenbelastet
- Fehlende Selbstsicherheit

besondere Qualitäten im Zusammenleben

- Große emotionale Sensibilität
- Tiefe Empathie und Einblicke in die Seelenmuster des Gegenübers
- Aufdeckung von Lügen und Selbstlügen
- Vermeidungstendenzen erkennen und unterbinden
- Depressive Neigungen erkennen und reagieren
- Fremde und eigenen Emotionen deutlich erkennen und trennen

Saturn in dieser Position hilft uns, wieder eine Ausrichtung zu bekommen. Weltweit wird einer wahren Ethik wieder Rechnung getragen, und die ausufernden Verfehlungen können klar erkannt und wieder gerichtet werden.

Scharlatanischen spirituellen Praktiken wird mit Saturn ebenfalls eine Schranke gesetzt. Es wird so Manches einer Prüfung unterzogen und auf seine Wahrhaftigkeit untersucht.

Künstlerische Werke bekommen mehr Struktur und Erkennbarkeit. Sprache und Ausdruck bekommen mehr Klarheit in ihrer Aussage.

Neue Technologien sollen einem höheren Zweck zugeführt werden. Diejenigen, die ihre Saturn-Rückkehr in den Fischen erleben, werden mit einem Sinn, einer Perspektive und dem Eifer herauskommen, ihre Gaben mit der Welt zu teilen.

Fische sind das Zeichen des Opfers, des göttlichen Asketen, der den Ablenkungen der Welt entsagt. Nur in der Stille wirst du deinen Ruf erklingen hören. Loslassen ist ein starkes Thema.

Lilith wechselt in die Waage am 29.06.2024, 10:20 Uhr

Lilith gehört astronomisch zu den Asteroiden. Sie kann symbolisch verschiedene Formen haben. Einerseits die ursprüngliche, mythologische Figur und andererseits auch die, welche in der Astrologie bekannt ist.

Im Allgemeinen wird ihr eine weibliche, unbändige, rebellische und machtvolle Kraft zugesprochen. Sie wird als Schwarzer Mond bezeichnet und repräsentiert Mut und Unabhängigkeit. Sie steht für die dunkle weibliche Kraft. Gerade Themen, wie selbstbestimmte Sexualität und Selbstführung, spielen hier eine wichtige Rolle. Lilith fordert auf, seine eigene Macht anzuerkennen und zu leben.

Die Lilith im Persönlichkeitshoroskop muss immer differenziert und in Verbindung mit dem Entwicklungsgrad des Einzelnen angeschaut werden.

Lilith im Zeichen der Waage sagt nun etwas aus über die Art und den Umgang, den wir als Gesellschaft in unseren Beziehungen leben werden.

Lilith, die wilde und ungezähmte Kraft, zeigt sich auch in der Art, wie die Liebe gelebt wird, aus der Betrachtung des Schwarzen Mondes. Man könnte diese Lilith in der Waage auch als Sinnbild für magische Beziehungen ansehen. Das Verborgene und Dunkle kann sich in den Partnerschaften zum Ausdruck bringen.

Bei einer Lilith in der Waage können sich die sexuellen und emotionalen Bedürfnisse einer Person auf unkonventionelle Weise manifestieren, welche traditionelle Normen und Erwartungen in Beziehungen in Frage stellen. Es zeigen sich intensive Leidenschaften sowie die Tendenz, Machtkämpfe oder ein Ungleichgewicht in Partnerschaften hervorzurufen.

Jetzt geht es auch als Gemeinschaft darum, ein Gleichgewicht zwischen der Durchsetzung eigener Wünsche und der Rücksichtnahme auf die Bedürfnisse des Partners zu finden.

In dieser Phase der Lilith in der Waage können sich völlig neue und andere Beziehungsmodelle entwickeln. Der Umgang mit Intimität kann viel aufgeschlossener sein als es bisher der Fall war. Tiefe Erfahrungen im zwischenmenschlichen Bereich führen zu großen Erkenntnissen eines neuen Miteinanders.

Es ist eine Zeit, in der die eigenen Bedürfnisse deutlicher in Erscheinung treten. Sind sie erkannt, wollen sie auch ins Leben integriert werden.

Lilith in der Waage bringt aber eben immer auch den Zwiespalt mit sich, ihr großes Verlangen nach Liebe zu erfahren und es gleichzeitig auch wieder abzulehnen. Will ich Harmonie und Schönheit oder zerstöre ich sie im nächsten Moment wieder? Liebe will gelebt werden, genauso wie die eigene Unabhängigkeit.

Das gilt es in ein gesundes Gleichgewicht zu bringen.

Mit Lilith in der Waage können auf gesellschaftlicher Ebene auch Themen wie Gerechtigkeit und Gleichberechtigung in den Fokus gestellt werden.

Wie sich diese Lilith-Position im Einzelnen zeigt, hängt immer vom eigenen Horoskop ab. Gern setze ich für dich die Planeten-Konstellationen genau in das richtige Verhältnis.

Saturn/Jupiter-Sextil
seit 08.12.2023 - 12.04.2024

Mit dieser Konstellation haben wir einen sehr schönen Aspekt zwischen unserem Glücksplaneten Jupiter im Stier und unserem Hüter und Begrenzer Saturn in den Fischen. Das beschreibt nun eine Zeit, die gekennzeichnet ist von neuen Chancen, Möglichkeiten, Wachstum und Erfolg. Diese sind gepaart mit realen Möglichkeiten und Machbarkeiten. Hier wird der Boden bereitet, damit neue, chancenreiche Projekte auch in die Welt kommen können, die eine vernünftige Basis aufweisen.

Es zeigt eine Phase an, die eine positive Lebendigkeit auf den Boden der Tatsachen bringt. Menschen, die diese Konstellation im persönlichen Horoskop stehen haben, sind automatisch mit einem großen Vertrauensbonus vom Universum ausgerüstet. Damit ist große Loyalität und Zuverlässigkeit verbunden. Das ist ein sehr erfreulicher Begleiter für uns als Gesellschaft für die kommenden Monate.

Während dieses Transits halten sich Optimismus und Ernsthaftigkeit in einem schönen Gleichgewicht. Das Weltbild lässt sich erweitern und man behält die Realität gut im Auge. Jetzt ist man ausgezeichnet in der Lage, seine Verpflichtungen zu erfüllen und hat dabei auch seinen Spaß am Leben. Das ist eine gute Gelegenheit, seine Lebensausrichtung zu planen und damit ein sicheres Fundament für zukünftige Entwicklungen zu legen.

Erfreuliche Umstände und neue Chancen zeigen sich dadurch, dass neue Menschen ins Leben treten können, die mit ehrlichen Absichten zielführende Kooperationen vorschlagen.

Glück und Erfolg basieren auf der Fähigkeit, diese Möglichkeiten gut einschätzen zu können und sie klug zu nutzen.

Klare Kommunikation und strukturierte Konzepte verheißen großes Potenzial für optimale Zusammenarbeit. Diese ist getragen von kompetenten Mitarbeitern oder Geschäftspartnern, die genau wissen, wovon sie sprechen und bereits eigene Erfolge aufweisen können. Somit entstehen Projekte, die sich verwirklichen lassen, mit Partnern, die auf dem Boden der Tatsachen stehen.

Die Ausrichtung kann den zukünftigen Entwicklungen wirklich standhalten und bringt für alle Beteiligten gewinnträchtige Geschäftsvereinbarungen auf den Weg.

Die Konzepte sind eindeutig definiert und nach Kompetenzen aufgeteilt, so dass alle Mitwirkenden Klarheit über ihren eigenen Aufgabenbereich erhalten und gleichzeitig einen großen Blick über das übergeordnete Gesamtmodel bekommen. So ziehen alle an einem Strang. Das allein ist ein Erfolgsmagnet.

Die Erkenntnisse aus diesen gemeinsamen Tätigkeiten kann das Weltbild in verschiedener Hinsicht beeinflussen, erweitern und für ein größeres Verständnis sorgen, wie Menschen miteinander Großes bewegen können.

Jeder, der daran Teil hat, kann daran auf verschiedenen Ebenen in seiner Persönlichkeit wachsen, sich weiterentwickeln und ein Gespür dafür bekommen, wie es ist, in einer größeren Gemeinschaft etwas Sinnvolles und Nützliches auf die Beine zu stellen. Das bewirkt auch beim Einzelnen die Erfahrung, an sich und seine Fähigkeiten zu glauben, und dass diese in der großen Menschenfamilie gebraucht und gerne angenommen werden.

Selbst wenn sich Einschränkungen im Handlungsspielraum anzeigen, sind die Erfolgsaussichten außerordentlich gut. Die Erfahrungen aus den Erlebnissen potenzieren sich zu einer noch größeren Bewusstheit über die Kraft und Macht echter Kooperationen. Das macht Schule und kann sich wie eine Welle auf andere Gemeinschaften ausweiten. Man ist in der Lage, Verpflichtungen anzunehmen und bleibt trotzdem in seinem inneren Sein ein freier, selbstbestimmter Partner.

Im persönlichen Bereich kann es Glück, Erfolg und Wohlstand genau durch die eben genannten Prinzipien für dich bringen.

All diese Chancen können sich bei dir im persönlichen, beruflichen, partnerschaftlichen, geistigen und auch im finanziellen Bereich eröffnen.

Wo und wann das genau für dich relevant wird, kann man gut am persönlichen Horoskop erkenne. Aber da weißt du ja schon, dass du gern zu mir in ein Beratungsgespräch kommen kannst.

Jupiter/Uranus-Konjunktion
21.03.2024 - 21.05.2024

Jupiter, unser Glücksplanet, steht seit dem 16.05.2023 im sinnlichen Stier und durchläuft ein ganzes Jahr lang dieses Venus-Zeichen. Auf seiner Wanderung begegnet er unserem Überraschungsplaneten Uranus im Stier. Ab Mitte März geht er Woche für Woche näher an Uranus heran, bis er dann am 20.04.2024 eine gradgenaue Umarmung mit unserem Revoluzzer vollzieht. Das ist eine seltene Konjunktion. In nenne es unseren „Superstar-Aspekt" am Himmel.

Hier möchte ich direkt und im Speziellen diese sich wunderbar entwickelnde Verbindung hervorheben. Das ist eine große glückverheißende Energieballung. Es haben schon viele Astrologen darüber gesprochen. Diese Verbindung im Stier kann man ruhig richtig zelebrieren, denn diese hatten wir das letzte Mal vor 83 Jahren.

Die phänomenale Verbindung würde ich ganz salopp als himmlische Hochzeit einstufen. Sie ist derart verheißungsvoll, dass man kaum einschätzen kann, was uns da in unser Leben schneien will, weil es so eine einzigartige Energiemischung beinhaltet.

Grundsätzlich sind beide schon mal zwei Giganten am Sternenhimmel. Jupiter ist der größte Planet und Uranus nimmt Platz 3 von seinem Ausmaß ein. Sie sind zwei mächtige und hoch-spirituelle Planeten. Der Große Geist des Wissens (Jupiter) verbindet sich mit den universellen Bewusstseinsinhalten und den technisch-wissenschaftlichen Forschungen (Uranus). Was für eine grandiose Mischung. Im Erdzeichen Stier bringt uns diese Konstellation erdverbundene, praktisch anwendbare Innovationen, die auf Erweiterung der Erkenntnisse auf den verschiedensten Gebieten ausgerichtet ist. Bis Mitte Mai bleibt uns diese außergewöhnliche Kombination erhalten. Und es lohnt sich zu schauen, in welchem Lebensbereich bei dir im Horoskop diese Umarmung sichtbar wird. Dort kannst du sehr erfreuliche Erfahrungen machen.

Das Erdzeichen Stier bildet erstmal die Basis, auf der sich beide Planeten gerade bewegen. Und Stier steht für festen Boden unter den Füßen, für Stabilität und sinnlichen Genuss in vielen verschiedenen Bereichen. Jetzt sorgt Jupiter für mehr Ausdehnung und Fülle in diesen Bereichen und Uranus bringt das gewisse Etwas voller Innovation und Unberechenbarkeit mit auf das Spielfeld.

Diese enge Umarmung im Stier zeigt eine Vielfalt an glänzenden, hoffnungsvollen und überraschenden Entwicklungen an. Man könnte das Gefühl bekommen, dass das himmlische Füllhorn ausgeschüttet wird. Auch damit muss man erstmal gut umgehen können. Jetzt können sich aufregenden Wachstumsmöglichkeiten in materieller Hinsicht offenbaren, insbesondere, wenn es um Finanzen oder vergnügliche Erlebnisse geht. Es können sich lang gehegte Wünsche erfüllen.

Wenn zuvor der Lebenssinn darin bestand, sich für seinen Lebensunterhalt über jedes Maß krumm zu machen, kann nun die Frage im Raum stehen: Was tue ich, wenn ich nicht mehr kämpfen muss?

Der geistige Horizont erweitert sich um ein Vielfaches, und es ist gut möglich, dass man sich jetzt mit einer neuen, der Zeit angemessenen Lebensphilosophie auseinandersetzt.

Uranus steht auch eng im Zusammenhang mit freier Selbstentfaltung, Individualität, dem großen Erfindergeist oder auch dem großen Erwachen zu mehr Bewusstheit.

Bedingungen, die einem unerträglich scheinen, wollen jetzt reformiert werden. Man kann jetzt durch die sich erneuernden gesellschaftlichen Verhältnisse von glücklichen Umständen, Glücksfallen oder wohltätigen Zuwendungen profitieren.

Es können sich alte Probleme auf Grund der innovativen Veränderungen zum Besseren gestalten oder vollständig verschwinden.

Es kann hier mit einer Ausweitung in vielen Lebensbereichen gerechnet werden. Vielleicht geschieht es durch ein großes, verwandelndes Ereignis. Es können sich aber auch viele kleine Verbesserungen ereignen, die am Schluss eine große Wirkung im eigenen Leben verursachen.

Gut möglich ist auch, dass durch die Einführung neuer technologischer Prozesse eine wichtige Veränderung eingeleitet wird. Planet Uranus steht sowohl für höhere Spiritualität als auch für neue Technologien.

Lassen wir einfach die Überraschungen in unser Leben kommen. Wie sich diese genau zeigen und in welchem Lebensbereich sich das bei dir ereignen will, kann ich genauer aus deinem persönlichen Horoskop herauslesen.

Neptun Sextil Uranus
seit August 2023 - Dezember 2023
und ab Juni 2024 - August 2029

Dieser hoch-spirituelle Langzeit-Aspekt wird uns viele Jahre begleiten. Wenn diese beiden spirituellen Energieträger in einem harmonischen Winkel zueinanderstehen, versorgt uns das mit sehr schönen, liebevollen und energetischen Kraftfeldern.

Dies beiden Planeten gehören ebenfalls zu den Großen Playern des gesamten Sternenkaleidoskops. Man nennt sie auch die Gesellschaftsplaneten. Demzufolge wird dieses Kraftfeld auch auf uns als gesamte Gesellschaft einen großen Einfluss ausüben.

Neptun, unser Seelentieftaucher und Träger der Informationen aus dem Großen Teich des Wissens, liefert seine mitfühlende, hilfreiche, tröstende, universelle Liebesfähigkeit mit seinem Part. Uranus, unser Revolutionär und Überraschungsplanet, sorgt für die plötzlichen intuitiven Eingebungen, Geistesblitze oder himmlisch geführten Pfade, die noch nie jemand zuvor beschritten hat. Beide in Harmonie miteinander vereint, verbinden technischen Fortschritt so, dass die humanitären Grundbedürfnisse für jeden geregelt werden können.

Es können großartige neue Erfindungen in die Welt kommen, die uns das Leben auf vielen Ebenen leichter und lebenswerter machen können.

Jetzt stehen wir am Anfang einer Periode, die uns in wesentlich höhere geistige, schwer fassbare Ebenen des Seins eintauchen lässt. Damit bekommen wir als Kollektiv einen viel umfangreicheren Kontakt zu den feinstofflichen Bewusstseinsinhalten, als es bisher der Fall gewesen ist.

Es beginnt eine Zeit, die erfüllt ist von hohen spirituellen und menschlichen Idealen. Sie eröffnet Dimensionen für große neue Kreationen, die innovative Neuerungen mitbringen, welche besonders fortschrittlich sind für unser gemeinschaftliches Zusammenleben. Es ist gut möglich, dass jetzt neue Konzepte entstehen, die den Grundstein für eine ganz andere Lebensweise legen. Der Mensch versteht sich im Kontext der natürlichen Prozesse und stellt sich selbst in den Dienst der Erhaltung und Förderung des Grundgedankens, dass alle Lebewesen im großen Kosmos, zu Lande und zu Wasser, eine große Einheit verkörpern.

Die Menschen entdecken immer deutlicher und verstehen nun auch ihre Fähigkeit, durch den Geist alles im persönlichen und gemeinschaftlichen Leben selbst bestimmen zu können. Wenn diese 6 Jahre vergangen sind, wird es eine vollkommene Selbstverständlichkeit sein, mit seinem Geist das zu programmieren, was man gern im Leben erfahren möchte. Dafür lernen wir auch im Laufe der Zeit, die volle Verantwortung für unsere geistigen Prozesse zu übernehmen. Es ist ebenfalls eine Zeit, in der wir noch klarer herausfinden sollen, was wir wirklich wollen, denn der Geist holt es schneller ins Leben, als man manchmal glauben mag. Es ist ähnlich wie in dem Märchen, als Aladin an der Lampe reibt. Dein dienlicher Gini führt deinen Wunsch direkt aus.

Das hört sich an, als ob sich märchenhafte Zeiten ankündigen. Na ja, Wunder gibt es immer wieder, auch in unserer jetzigen Zeit. Man muss sie nur sehen. Und damit wir sie sehen können, sorgt diese Konstellation für die Öffnung des höheren Bewusstseins.

Im realen Leben können die wunderbaren, neuen, innovativen Erfindungen große globale Probleme zu einer Lösung führen. Die Quantenphysik liefert unglaubliche neue Erkenntnisse auf dem Gebiet neuer Energiesysteme. Viele neue Technologien werden in die Welt kommen, die nicht lösbar geglaubte Menschheitsprobleme lösen können.

Geistige Disziplinen und höhere Bewusstseinsebenen stehen frei zur Verfügung und können in das Leben integriert werden. Spiritualität, alternative Heilmethoden, Frequenz- und Energie-Medizin, Meditation, Astrologie, Religion (richtig verstanden), die Anbindung an den Schöpfer mittels Gebetes und vielen neuen spirituellen Techniken wird damit der Raum geöffnet.

Eine höhere Sensibilität verschafft uns den Sinn, unseren Blick auf die eigenen Erfahrungen zu richten und somit den Auftrag, der dahintersteht beziehungsweise stand, klar zu erkennen.

Gut möglich, dass neue, wunderschöne künstlerische Werke entstehen, die uns aus der geistigen Welt gesendet werden. Jetzt sind immer mehr Menschen dazu fähig, diese außergewöhnlichen Signale, Impulse und Inspirationen zu empfangen, um sie der Welt zu schenken.

Menschen, die zueinander passen, finden sich über den spirituellen Draht, den sie miteinander haben. Die Verständigung kann sehr subtile Formen annehmen. Es können sich telepathische Begabungen herausstellen. Diese wollen dann natürlich auch gut in das eigene Leben integriert werden, damit man klug damit umgehen lernt.

Pluto/Uranus-Trigon
10.07.2024 - 21.11.2024

Mit dieser Verbindung treffen sich zwei große Gesellschaftsplaneten, um gemeinsam eine neue Ära der globalen gemeinschaftlichen Verhältnisse einzuläuten. Pluto ist der Player, der am längsten durch den ganzen Sternenkreis unterwegs ist. Nach einer Umrundung durch alle Zeichen sind 248 Jahre vergangen, in denen Pluto alles transformiert hat, was für das Leben in der neuen Zeit nicht mehr geeignet ist. Uranus ist der Planet, der am dritt-längsten durch alle Zeichen streift und sein unorthodoxes, revolutionäres Werk innerhalb von 84 Jahren verrichtet.

Das letzte Mal hatten wir ein Pluto-Trigon zu Uranus in den Jahren 1921-23, die sogenannten Goldenen 20ern. Allerdings war dieses nicht in den Luftzeichen Wassermann und Zwillinge, sondern in den Wasserzeichen Krebs und Fische. Das beschreibt eine eher emotionale Energieebene.

Die jetzige Konstellation in den beiden Luftzeichen ist auf der mentalen Ebene angesiedelt. Das hat es so bisher noch nie gegeben. Ich konnte jedenfalls aus den Zeittafeln der letzten 2000 Jahre keine Aufzeichnungen dazu finden. Das heißt also, dass wir als große Menschenfamilie in eine vollkommen neue, noch nie dagewesene Zeit-Qualität überwechseln. Wir, die wir heute hier auf Erden leben, erhalten damit ein ganz außergewöhnliches Privileg. Wir haben uns in diese Zeit inkarniert, um die Wegbereiter, die Pioniere dieser neuen Ära zu sein. Das ist etwas sehr Besonderes und Erhebendes zugleich.

In der Mythologie ist Uranus der alte Himmelsherrscher und Pluto ist Hades, der Herrscher der Unterwelt. Jetzt ist die Zeit gekommen, in der sich beide großen Herrscher zu einer außergewöhnlichen Kooperation zusammenschließen, damit die Welt in eine neue, eine höhere Energiefrequenz aufsteigen kann. Die höchsten Frequenzen unserer Zeitschiene sind repräsentiert von Uranus, und die tiefsten Frequenzen unserer Zeit sind gekennzeichnet von Pluto. Jetzt ist die Zeit, einen Weg zu bahnen, um sich aus uralten, morastigen Verstrickungen herauszuheben.

Mit Pluto in einem harmonischen Trigon-Aspekt zu Uranus fließt eine zukunftsvisionäre Begabung in das kosmische Feld ein, die das große Wissen alter, geheimnisumwobener Magier mit den futuristischen, höchsten Technologien zum gegenseitigen Nutzen miteinander verbindet. Es ist damit aus höchster Instanz gewollt, dass dieses alte, sagenhafte Kraftfeld jetzt für die Menschen zur Verfügung gestellt wird. Ich bezeichne es so: Die himmlischen Heerscharen haben sich auf verschiedenen Ebenen zusammengeschlossen, um das große neue Energiefeld zu kreieren.

Aus technologischer Betrachtung würde man sagen, dass sich große Quantenfelder öffnen und sogar verschiedene Zeitepochen damit verbunden werden können. Wie wir damit umgehen werden und was sich daraus für uns Menschen an spektakulären Möglichkeiten eröffnen wird, ist so noch kaum absehbar. Es gibt dafür keine Referenzbeispiele.

Auch im persönlichen Leben werden wir mit diesen hohen Energiefrequenzen in Kontakt kommen und dürfen uns noch viel mehr als bisher darin üben, unsere Kräfte mittels unserer Gedanken zu konzentrieren, damit das, was den eigenen Wünschen entspricht, auch in die Welt kommen kann.

Dieses Trigon zwischen Uranus und Pluto kann sich in verschiedenen Lebensbereichen positiv auswirken. Im Beruf und der Karriere können Menschen, die eine prägende Verbindung zu diesem Aspekt aufweisen, bahnbrechende Innovationen hervorbringen oder in Führungspositionen gelangen. In der Liebe können sie leidenschaftliche und intensive Beziehungen ergeben.

Es fordert natürlich jeden Einzelnen auch heraus, die anstehenden Veränderungen im eigenen Leben zu begrüßen. Wenn man permanent dagegen ankämpft, das Neue ins Leben zu lassen, wird es machtvoll über denjenigen hereinbrechen. Mit dieser Energie der großen Giganten gibt es keine Umwege, Ausflüchte oder Abwarten.

Hier besteht der einzig kluge Weg darin, sein Leben auf die neuen Kraftströme auszurichten. Dann kann man diese großartige neue Welle auch wirklich reiten. Es wird sich in den realen persönlichen Umständen zeigen, wer bereit ist, großartige neue Schritte in seinem Leben zu wagen. Das sind die Gewinner der neuen Zeit. Da braucht es das gewisse Maß an Mut, diese unbekannten Pfade zu beschreiten.

Aber, dass kann uns das größte Abenteuer unseres Lebens verschaffen. Etwas, worüber man noch in Jahrzehnten erzählen kann. Man kann sich komplett neu definieren und sich darin selbst in einem völlig neuen Licht betrachten und erkennen. Es beinhaltet die Erfahrung höchst kreativer Prozesse, die dich das wahre Menschsein erkennen lassen.

Das soziale Miteinander nimmt vollkommen neue Formen an, in denen man auch sich selbst im anderen wiederfindet. Das Verständnis wächst mehr und mehr darüber, dass das, was ich dem anderen antue, ich mir selbst antue und umgekehrt. Das bringt ein komplett neues Menschheitsverständnis zu Tage.

Man kann bewusster entscheiden, sich mit Menschen zusammenzuschließen, die einen gemeinsamen geistigen Horizont miteinander teilen, oder es gib andere Übereinstimmungen, die füreinander besonders unterstützend sind. Das Spektrum der Möglichkeiten eröffnet sich im gemeinsamen Erleben.

Das Schöne dabei ist, dass diese Entwicklungen nicht voraussehbar sind. Das erhält die überraschende Komponente im gesamten Geschehen und macht die Entwicklungen aufregend und spannend. So kann man das Prinzip von Uranus in seiner Art wiederfinden.

Es zeigt sich jedenfalls eine unglaublich zukunftsweisende neue Ära in unserem gesellschaftlichen Miteinander aus vielerlei Perspektiven.0

Wochenhoroskop vom 01.01. bis 07.01.2024

Der Spruch der Woche lautet:

Herzliche Grüße im neuen Jahr, dem Schaltjahr, dem Sonne-Jahr und dem numerologischen 8er Jahr 2024.

Die Woche beginnt mit einem Feiertag, dem Neujahrstag und endet auch mit einem Feiertag. Merkur, unser Denker, geht wieder voran, und Mars wechselt das Zeichen.

Was für ein interessanter Start in das neue Jahr: Unser Sonne-Jahr 2024. Das neue astrologische Jahr beginnt erst am 20. März, aber es wirft schon seine herrlichen Strahlen voraus.

Und ich verrate hier nicht zu viel, wenn ich sage, dass wir einen sehr schönen Jahresstart haben, und dieser will uns auf mehr Selbstvertrauen, Selbstliebe, Selbstachtung, dein Inneres Kind und deine Ich-bin-Kräfte im neuen Jahr einstimmen.

Unsere Sonne im verantwortungsvollen Steinbock behält noch bis Dienstag, den 02.01., die wunderschöne Verbindung zu Jupiter im Stier bei. Damit wird auch die erste Woche des Jahres mit viel hoffnungsvoller Kraft gestartet. Abgelöst wird Jupiter dann - ebenfalls am 02.01. - vom Überraschungsplanet Uranus. Es wird aufregend, unkonventionell, technisch anspruchsvoll und auch sehr spirituell, wenn Sonne und Uranus ein angenehmes Stelldichein haben. Plötzliche Einfälle können außergewöhnliche Lösungen für Themen liefern, die zuvor schwer zu bewältigen waren. Neue fortschrittliche Wege können jetzt alte

Systeme revolutionieren und uns als Gemeinschaft damit einen großen Schritt voranbringen.

Unser Denker, Planer und Geschäftemacher Merkur im Schützen wird ab dem 02.01. um 04:09 Uhr wieder direktläufig. Damit können wichtige Geschäfte wieder vorangebracht werden. Allerdings ist Neptun noch weiter in Spannung zu Merkur. Das führt weiterhin zu unklaren Zielsetzungen und auch zu Verwirrungen. Es kann weiter zu fehlerhaften Arbeitsabläufen kommen.

Auf Versprechungen kann man sich in solchen Phasen nicht verlassen. Es ist einfach noch eine nebulöse Energie am Werk. Entscheidungen brauchen noch etwas Reifezeit. Wenn du allerdings eine dringende Terminsache erfüllen musst, dann lohnt es sich, nochmal einen prüfenden Blick in alle Unterlagen zu werfen.

Venus, unsere Liebesgöttin im hoffnungsvollen und überschwänglichen Schützen, wird leider noch ausgebremst von Saturn in den Fischen. Das führt leicht zu Ernüchterungen in allen Liebes-, Geld- und Besitzangelegenheiten. Es kann hier auch in Liebesbeziehungen zu Trennungen kommen.

Mars, unser Energieplanet, wechselt am Donnerstag, den 04.01. um 15:58 Uhr, in den disziplinierten und arbeitsamen Steinbock. Dort steht Mars in seiner Erhöhung und kann bis Mitte Februar richtig powern und eine enorme Kraft entwickeln. Die Feuerkraft des Mars bekommt eine klare Zielausrichtung und ist damit ein Garant für erfolgreiches Handeln. Im Steinbock geht es aber nur Schritt für Schritt, gut strukturiert und planvoll zur Sache. Das Ergebnis kann sich dafür sehen lassen.

Unterstützung bekommt Mars gleich noch von Saturn in den Fischen und von Jupiter im Stier. Das bringt viel klugen Menschenverstand ein, der gepaart ist mit tiefen menschlichen Werten. Hier will etwas Bleibendes in die Welt gebracht werden, dass für alle von Nutzen ist. Eine Mars/Jupiter-Verbindung schenkt auch zusätzlich einen kraftvollen Abenteuergeist. Auf zu neuen Ufern, die aber auch sehr bodenständig angesiedelt sind.

Jetzt haben wir auch weiterhin den angenehmen Jupiter-Aspekt zu Saturn, unserem Hüter und Begrenzer in den Fischen. Es geht hier darum, begrenzende Strukturen verantwortungsvoll und gut organisiert zu erweitern. Geduld und Begeisterung ergänzen sich hervorragend und es kommen fruchtbare Kooperationen zustande. Das begünstigt glückliche Fügungen, die nicht zuletzt durch kluge Voraussicht und die Entscheidungsfähigkeit untermauert sind, Chancen zu erkennen, und diese direkt in die Tat umzusetzen.

Alles in allem haben wir einen sehr schönen Start in das neue Jahr 2024. Und das Ende der Woche wird dann noch mit einem Feiertag, dem Allerheiligen, ausklingen.

Und damit beende ich meine erste Wochenschau des Jahres und wünsche dir einen furiosen Start in unser Sonne-Jahr 2024.

Wochenhoroskop vom 08.01. bis 14.01.2024

Der Spruch der Woche lautet:

> Wir bekommen den ersten Neumond des Jahres. Merkur wechselt das Zeichen und bekommt einige Verwirrungen von Neptun geliefert.

Grundsätzlich beginnt die neue Woche mit vielen schönen Energien. Die Sonne bekommt weiterhin sehr inspirierende und unkonventionelle Impulse von Uranus, unserem Revoluzzer, der weiter im Stier unterwegs ist. Es kann viel Neues in die Welt gebracht werden. Darunter sind viele Ideen, die tatsächlich auch in die Realität umsetzbar sind. Das belebt sowohl alle technischen Disziplinen als auch hohe intuitive Inspirationen gleichermaßen.

Ab Dienstag dann verbindet sich unsere Sonne im disziplinierten Steinbock in einem sehr günstigen Winkel mit Neptun, unserem Seelentieftaucher in den Fischen. Das bringt eine große Fertigkeit auf den Plan, tiefe spirituelle Erkenntnisse mit klugen, strukturierten Maßnahmen auch realistisch anwendbar zu machen. Hier können wir in den großen Teich des Wissens eintauchen und ein Stück dieser Dimension in ihrer Wahrhaftigkeit sichtbar machen. Das fördert jegliche Form von Bewusstwerdung unserer Realität. Außerdem ergänzt es sich sehr gut mit der Position von Sonne zu Uranus. Es will Neues erschaffen werden.

Dies heizt allerdings unsere Sonne im Spannungsfeld zu Mondknoten auch mit innerem Druck auf. Das ist unsere gesellschaftliche Entwicklungsaufgabe, die im feurigen Widder unterwegs ist. Hier wollen die Dinge schneller in Bewegung gebracht werden, als es momentan möglich ist. Daraus resultiert eine latente Unzufriedenheit. Die Dinge gehen bei einer Sonne im Steinbock nun mal eher Schritt für Schritt voran. Dafür aber beständig, und es wird damit ein gutes Fundament gebaut. So kann man diese Kräfte auch auf sich selbst wirken lassen.

In diesem Energiefeld bekommen wir jetzt am Donnerstag, den 11.01. um 12:52 Uhr, den angekündigten Neumond im Steinbock. Wie wir nun schon gut wissen, kann man bei Neumond immer auch gut etwas Neues in die Wege leiten. Ein neues Projekt in die Welt bringen, oder für sich selbst etwas Neues beginnen. Die Startbedingungen sind dafür recht gut. Eine wichtige Tatsache muss aber im Auge behalten werden: Nämlich unser Denker und Planer Merkur.

Merkur im Schützen geht einerseits konform mit dem gesellschaftlichen inneren Widder-Prinzip, das ich zur Mondknoten-Energie angesprochen habe. Jetzt will man groß denken und Vorstellungen direkt umsetzen. Aber hier liefert Neptun so seine geistigen Vernebelungen.

Es wird eine verwirrende emotionale Anbindung an tiefe Prozesse spürbar, die aus dem Meer des Unbegreiflichen mit Neptun in den Fischen herrührt. Da braucht es Geduld und Verständnis für den eigenen Prozess. Und da hilft dann auch ab dem 12.01. die harmonische Verbindung von Merkur zu Saturn in den Fischen. Das verschafft mehr Klarheit und Besonnenheit und diszipliniert den Geist. Es bringt die nötige Konzentrationsfähigkeit, um Projekte dann auch in die Wege zu leiten. Mit Neptun-Spannung will der Geist aber auch gern mal Ruhepause einlegen.

Ab Sonntag, den 14.01. um 03:30 Uhr, wandert dann Merkur in den disziplinierten Steinbock, und damit sind die Gedanken und die gesamte Kommunikation grundsätzlich stärker fokussiert. Man beschäftigt sich mehr mit den wesentlichen Themen des Lebens und geht auch verantwortungsbewusster mit seiner Gedankenkraft um. Die Konzentrationsfähigkeit und Ausdauer steigen zusehends an.

Venus, unser Liebesplanet im Schützen, bekommt günstige Unterstützung von Mondknoten im Widder. Die Liebe ist mit Zuversicht auf neue, abenteuerliche Erfahrungen ausgerichtet. Und hier geht es auch um unsere Sinnlichkeit, unser Geld und unseren Besitz. Venus ist ansonsten ohne weitere Aspekte und kann sich im Schützen in seiner Großzügigkeit gut entfalten. Das begünstigt Zusammenkünfte in froher Stimmung, bei denen über die Zukunft und die Möglichkeiten philosophiert werden kann.

Mars, unser Energielieferant, steht ebenfalls seit der letzten Woche im Steinbock, und damit bleiben die Informationen dazu weiter aktuell. Die Spannung zu Neptun hat sich aufgelöst, und Mars bekommt seine volle Kraft, um fokussiert und kontinuierlich Erfolge zu produzieren. Es können Fundamente für zukünftige Entwicklungen gesetzt werden. Diese Energie ist auf langfristigen Erfolg ausgerichtet. Es soll für die Gesellschaft vorangehen, und neue Strukturen können harmonisch mit altbewährten Inhalten verknüpft werden.

Und damit beende ich wieder meine Wochenschau und wünsche dir alles erdenklich Gute für deine Neumond-Woche.

Wochenhoroskop vom 15.01. bis 21.01.2024

Der Spruch der Woche lautet:

> Die Kraft der Sonne ändert sich durch ihren Zeichenwechsel. Pluto wechselt wieder in den Wassermann. Glücksplanet Jupiter versetzt unsere Sonne in Hochstimmung, und in der Liebe wird es unklar.

Auch die neue Woche beginnt mit schönen, inspirierenden Kraftfeldern, weil Uranus noch bis zum 16.01. für einige Überraschungen sorgen kann. Dazu habe ich in der vergangenen Woche schon etwas erklärt. Neptun, unser Seelentieftaucher in den Fischen, steht ebenfalls weiter günstig zu unserer disziplinierten Steinbock-Sonne. Tiefe spirituelle Erkenntnisse können klug und strukturiert zur Anwendung gebracht werden. Und dann beginnt eine sehr starke Konjunktion zwischen Sonne und Pluto, unserem Transformationsplaneten.

Am 20.01. um 15:08 Uhr wechselt unsere Sonne in den unkonventionellen Wassermann. Jetzt beginnt wieder eine Zeit voller Originalität, kreativer Einfälle und der Narreteien. Viele Luftschlösser werden mittels Visionen gebaut. Aber es bleibt auch einiges an spektakulären Neuerungen bestehen. Es ist eine Phase, die viele Veränderungen aktiviert und allerhand Unruhe ins Geschehen bringt. Es erfrischt den Geist und belebt so manch eingestaubte Verbindung.

Und während Sonne in den Wassermann wandert, geht sie eine enge Umarmung mit Transformer Pluto ein. Das bringt durchschlagende Kräfte auf den Plan. Der Planet der Macht und der intensiven Gefühle wandert dann wieder in den Wassermann, am Sonntag, den 21.01.2024 um 01:51 Uhr. Das bringt einen fulminanten Start von Pluto zusammen mit Sonne im Wassermann.

Pluto im futuristischen, revolutionären, technisierten, spirituell veranlagten und sehr unkonventionellen Wassermann wird nun bis zum Jahr 2044 in diesem Zeichen wirken. Im September und Oktober 2024 geht er noch einmal kurz in den Steinbock, aber danach ist er ganz auf Transformation im Wassermann ausgerichtet. Pluto ist der Planet der Macht und der Masse. Er benötigt am längsten, um durch unseren gesamten Sternenkreis zu wandern. Das sind zwischen 246 und 248 Jahren. Damit ist dieser Langsamläufer besonders im Zusammenhang mit gesamtgesellschaftlichen Veränderungen zu betrachten, und er ist der Planet, der die tiefgreifendsten Transformationen mitbringt.

Pluto im Zeichen der Freundschaften, Gemeinschaften, Gruppen und Organisationen wird genau dort die große Transformation in Bewegung bringen. Neue gesellschaftliche Modelle werden sich in den kommenden Jahren ihren Platz erobern.

Im Fokus stehen wichtige Themen wie: - digitale Selbstbestimmung, - der richtige Umgang mit künstlicher Intelligenz sowie die großen globalen Themen eines ökologischen Gleichgewichtes.

Ebenfalls ab dem 21.01. bekommt unsere Sonne - und damit auch Pluto im Wassermann - einen Spannungs-Winkel zu Jupiter. Große Hoffnungen und überschwängliche Verhaltensweisen können etwas vorspielen, was in Wirklichkeit zu wenig Bodenhaftung nachweisen kann.

Dann habe ich noch einige Informationen zu unserem Denker, Planer und Geschäftemacher Merkur dabei. Unsere merkurische Gedankenkraft im disziplinierten Steinbock bekommt viel Unterstützung von der Mars-Umarmung. Das regt zu klugen Gedanken und der Fähigkeit an, diese direkt in die Tat umzusetzen. Merkur ist beflügelt von Jupiter im Stier und wird stabilisiert von Saturn in den Fischen. Das ist eine super Kombination, um aus seinen Vorstellungen Realitäten zu zaubern.

Unsere Liebesgöttin im Schützen wird von Neptun ordentlich vernebelt. In Liebes-, Beziehungs- und Geldangelegenheiten besteht viel Unklarheit.

Aber auch das kann in dieser Woche kaum stören, denn viele Planeten gehen sehr starke und günstige Verbindungen miteinander ein und fördern tatkräftiges Schaffen. So wird es auch angezeigt in der Verbindung, die Mars, unser Energieplanet im Steinbock, mit Jupiter und Saturn eingeht.

Und damit beende ich wieder meine Wochenschau. Möge die neue Woche für dich viele Erfolge bringen.

Wochenhoroskop vom 22.01. bis 28.01.2024

Der Spruch der Woche lautet:

Wir bekommen einen Vollmond. Unsere Sonne bekommt volle Energieballung von Jupiter und Pluto. Liebesplanet Venus wechselt das Zeichen und alle Planeten gehen nun wieder vorwärts.

Unsere Sonne wird in dieser Woche noch weiter von den Planeten Jupiter und Pluto in Aufregung versetzt. Jupiter im Quadrat zur Sonne kommt recht überspannt daher. Man will viel, aber ist nicht wirklich bereit, das Nötige dafür zu tun. Gleichzeitig steht auch Pluto in Verbindung mit Sonne, und damit stehen auch Jupiter und Pluto in Spannung. Das ist eine sehr druckvolle und herausfordernde Energie.

So ein himmlischer Tanz der Planeten ist getragen von gegensätzlichen Kräften. Jupiter ist von expansiver, fröhlicher und abenteuerlustiger Natur und läuft im geerdeten und sinnlichen Stier. Und hier will er Grenzen überschreiten.

Das kollidiert mit der innovativen und unkonventionellen Energie der Sonne im Wassermann, wo es stark um gesellschaftlichen Fortschritt geht. Aber Jupiter ist der große Wohltäter, auch mit einer Spannung zur Sonne. Es geht um gesellschaftliches Wachstum, aber bitte auch in Stier-Manier immer schön Schritt für Schritt.

Doch Pluto spielt hier jetzt eine sehr wesentliche Rolle.

Pluto, der für seine machtvolle, geheimnisvolle und rätselhafte Natur bekannt ist, steht nun seit letzter Woche wieder im Wassermann und weiter in Umarmung mit unserer Sonne. Diese seltene himmlische Verbindung bringt eine mächtige Energie hervor, die man als schicksalhaft bezeichnen kann. Sie beinhaltet universelle Veränderungen. Es beschreibt eine Revolution an Ideen und Innovationen, die den aktuellen status quo und die damit verbundenen gesellschaftlichen Normen infrage stellen kann. Fortschrittliches Gedankengut und die Akzeptanz größerer Vielfältigkeit stehen deutlicher im Fokus. Plutos Kraft transformiert in die tiefsten Tiefen. Man könnte es als Wiedergeburt bezeichnen. Hier geht es um die eigene Identität und Individualität. Mit Pluto im Wassermann beginnt ein neuer universeller Prozess der Selbstannahme und der Nutzung der eigenen inneren Kräfte. All das spielt sich im gesellschaftlichen Rahmen ab, in Gruppen, Gemeinschaften, Organisationen und auch Freundschaften.

In dieser Phase haben wir am 25.01. um 18:52 Uhr den bereits angekündigten Vollmond aus dem Löwen heraus. Das ist noch einmal ein Auslöser für wichtige Ereignisse, die die angesprochenen Themen betreffen.

Das ist so ein Mond, der Wünsche und Hoffnungen weckt und Träume von Abenteuer und Liebe erwachen lässt. Er ist voller Emotionen, will gelebt werden und sich zeigen. Die Kreativität ist erhöht. Auch die Feierlaune ist stark aktiviert.

Merkur, unser Denker, Planer und Geschäftemacher im verantwortungsvollen Steinbock, steht auch in dieser Woche eng mit Mars in Umarmung. Der Geist ist voller Energie und richtet sich auf machbare Ziele aus. Das unterstützt ein sehr schöner

Aspekt von Uranus, unserem Revoluzzer. Neuerungen wollen in die Welt kommen, die sinnvoll und anwendbar sind.

Venus, unsere Liebesgöttin, wechselt nun in dieser Woche am 23.01. um 09:50 Uhr ebenfalls in den disziplinierten und verantwortungsvollen Steinbock. Das ist eine sehr verlässliche Energie. In Liebes-, Besitz- und Geldangelegenheiten wird sehr praktisch vorgegangen. Man kann Nägel mit Köpfen machen und sich auch vertraglich gut einigen.

Auf ein romantisches Intermezzo in der Liebe muss man allerdings in so einer Zeit eher verzichten. Hier will mehr eine handfeste Basis gebaut werden. Man sollte nur nicht die Liebe mit dem Geldbeutel bemessen. Venus steht auch noch mit Saturn und Jupiter im günstigen Kontakt. Da können Träume wahr werden. Bis zum 25.01. steht Neptun noch in Spannung zur Venus. Da bekommt die Liebe dann doch noch so einen Hauch von Romanik ab, der etwas nebulös anmutet.

Mars, unser Energie-Lieferant im Steinbock, steht im günstigen Winkel zu Uranus im Stier. Die revolutionäre Kraft von Uranus bekommt richtig Power von Mars. Was in die Welt kommen möchte, kann jetzt wirklich umgesetzt werden. Und da es beides Erdzeichen sind, geht es hier auch um bleibende Dinge. Etwas, das für Basis sorgt und auf Beständigkeit ausgerichtet ist. Projekte, die diesen Charakter in sich tragen, können erfolgreich in Bewegung gebracht werden.

Jupiter und Saturn, die großen Player in sehr günstiger Position zueinander, stehen weiter als Schutzpatrone am Sternenhimmel und unterstützen neue Entwicklungen.

Zusätzlich laufen dann ab Samstag, den 27.01., alle Planeten am schönen Sternenfirmament wieder für viele Monate vorwärts.

Es geht etwas stark voran. Und du kannst Mitgestalter sein in dieser neuen Zeit.

Und damit beende ich wieder meine Wochenschau und wünsche dir eine erfolgreiche Woche.

Wochenhoroskop vom 29.01. bis 04.02.2024

Der Spruch der Woche lautet:

Unsere Sonne im Wassermann wird weiter in Hochstimmung versetzt durch Jupiter und zusätzlich in helle Aufregung katapultiert von Uranus. Die meisten Aspekte bekommt aber Merkur, unser Denker und Planer.

Mit Jupiter und Uranus im Stier wirken gleich beide energiereichen Planeten auf die sowieso schon nervöse Sonne im unkonventionellen Wassermann ein. Jupiter im Stier in seiner überspannten Platzierung zur Sonne ist weiterhin in einer Art Maßlosigkeit verfangen. Das kann leicht zu Kurzschlussreaktionen verleiten, da nun ab dem 02.02. Uranus ebenfalls im Spannungsfeld gleich kräftig mitmischt. Durch den damit verbundenen Eigensinn und Freiheitsdrang könnte man den Bogen ordentlich überspannen. Mit der Erinnerung aus der letzten Woche, als Transformer Pluto noch so zwingend an der freiheitsliebenden Sonne klebte, will sie jetzt am liebsten alle Fesseln durchtrennen.

Jetzt kann Sonne im Wassermann frei atmen, und das will ausgenutzt sein. Exzentrisch, unkonventionell, plötzlich, überraschend und unerwartet können sich neue Ereignisse im Leben zeigen. Ein mächtig frischer Wind kann für allerhand Aufregung, Unruhe und Nervosität sorgen. Einengende Lebenssituationen kann man jetzt kaum noch ertragen. Die Individualität will sich entfalten. Da kann sich so Manches aus dem Leben verabschieden. Man will sich authentisch der Welt zeigen und sich selbst in seiner Wahrheit ausdrücken. Wenn man jetzt zu viel auf einmal verändern will, kann sich das aber auch ganz leicht auf den Körper auswirken und hier im Besonderen auf das Herz-Kreislauf-System. Also ist doch einige Achtsamkeit vonnöten.

Unterstützend wirkt hier in dieser Woche unser Denker, Planer und Geschäftemacher Merkur im disziplinierten Steinbock. Er hat einiges an Denkarbeit und Konzentrationsfähigkeit zu leisten, damit die Situation überblickbar und kontrollierbar bleibt. Merkur steht weiter mit Mars in einer Umarmung. Das allein bietet eine Menge geistige Kapazität, um knifflige Prozesse zu überdenken und technisch umzusetzen. Uranus im Stier liefert dazu innovativen Input, der für völlig unkonventionelle Lösungen sorgen kann, die dann auch noch der Allgemeinheit von großem Nutzen sind.

Dazu liefert Neptun einen tiefen Einblick in spirituelle Hintergründe, welche die neuen Entwicklungen aus der Schöpfersicht zusätzlich unterstützen.

Sehr tiefgreifende Einsichten können zu völlig neuen Entscheidungen führen. Man könnte sich von himmlischer Hand geführt fühlen und braucht eigentlich nur noch seiner Intuition zu folgen. Doch das hängt von der Bewusstseinsentwicklung des Einzelnen ab.

Ab Freitag, den 02.02., wandert dann Merkur auf eine Umarmung mit Pluto zu. Das vertieft die Gedankenprozesse und Kommunikationsformen um ein Vielfaches. Die Macht der geistigen Kräfte ist sehr stark. Wenn man das nicht gut lenkt, kann man in Gedankenkontrolle oder Manipulation hineinrutschen. Es ist sowieso eines der großen Themen in der Zeit, in der Pluto im Wassermann läuft. Wir werden uns darüber immer klarer, wie machtvoll die eigenen Gedanken und auch die der anderen sein können. Es können große Geheimnisse zutage gefördert werden.

Unser Liebesplanet Venus, ebenfalls im pflichtbewussten Steinbock, steht noch bis zum Samstag, den 03.02., günstig zu Jupiter. Das verleiht der an dieser Stelle etwas spröden Venus mehr Schwung und Unternehmungslust. Da kann dann die typische verantwortungsvolle Veranlagung dieser Venus auch erfreuliche Züge in sich vereinen. Auf jeden Fall ist es eine sehr praktische Verbindung. Man kann richtig was in die Wege leiten, was auch von Bestand ist. Zusätzlich steht auch Saturn noch günstig zur Venus. Das hat Potenzial für langfristige und stabile Verbindungen, sowohl in der Liebe als auch in Geschäftsbeziehungen, die dann auch sehr Erfolg versprechend sind. Es basiert auf Loyalität und echter Führungskompetenz.

Auch Mars, unser Energieplanet im Steinbock, steht weiter sehr vorteilhaft zu Uranus, unserem Revoluzzer. Das verspricht bahnbrechende neue Wege, die auch mit Enthusiasmus umgesetzt werden. Dies wird zusätzlich von Neptun, unserem Seelentieftaucher, super unterstützt. Das deutet an, dass du dich führen lassen kannst. Es läuft mit einem nicht erklärbaren Schwung alles vorwärts.

Natürlich muss hier genau geschaut werden, wie das im Persönlichkeitshoroskop miteinander interagiert. Grundsätzlich sind dies Kraftschübe, die sehr fortschrittliche Entwicklung in die Wege leiten, die uns als Gesellschaft voranbringen.

Der kosmische Große Schutzschirm ist aufgespannt.

Und damit beende ich meine Wochenausführungen und wünsche dir wieder viel Erfolg und gutes Gelingen für all deine Herausforderungen und Vorhaben.

Wochenhoroskop vom 05.02. bis 11.02.2024

Der Spruch der Woche lautet:

> Wir bekommen einen Neumond. Unsere Sonne wird weiter von Revoluzzer Uranus aufgewühlt. Merkur, unser Denker, geht in den Wassermann und bleibt mit dem tiefgründigen Pluto eng verbunden.

Auch in der nun folgenden Woche geht es wieder aufregend zu. Unsere Sonne im unkonventionellen Wassermann bekommt noch bis Dienstag einen großen Energieschub von Mars in den Zwillingen. Da kann man richtig was in Bewegung bringen. Bis zum 09.02. bringt Uranus noch einiges durcheinander. Viele Vorhaben können plötzlich und unerwartet nochmal geändert werden. ‚Alles bleibt anders', wäre da so meine Interpretation.

Das ist die eine Seite, von der man die Wochenqualität betrachten kann. Der Unruhefaktor Uranus wühlt unserer Sonne noch auf, und ab dem 10.02. wird sie direkt in ein Korsett geschnürt von Saturn. Die Sonne wandert immer näher an Saturn heran, und die Kontrollmechanismen verstärken sich mehr und mehr. Der Realcheck lässt nicht lange auf sich warten. Was zuvor durch Uranus so unorthodox und exotisch daherkam, muss nun auf den Prüfstand.

Solche Phasen sind immer anstrengend und fordern viel Energie ab. Wichtig ist es, in dieser Phase auf seine Kräfte achtzugeben. Man will gern ehrgeizige Ziele durchsetzen, aber Aufwand und Nutzen sollten vorher noch einmal gut überprüft werden.

Stimmt das Verhältnis, kann man natürlich auch richtig was Handfestes auf die Beine stellen, das auch langfristig Bestand haben kann. Diese Phase führt uns die Härten des Lebens vor Augen. Lügen können aufgedeckt und bereinigt werden. Das schafft große Klarheit, auch wenn es schmerzhaft sein kann. Es geht um praktische Umsetzung, Ernsthaftigkeit und Verlässlichkeit.

Unser Denker, Planer und Geschäftemacher Merkur wechselt am Samstag, den 11.02. um 12:23 Uhr, in den innovativen Wassermann. Denkprozesse gehen nun um ein Vielfaches schneller vonstatten als zuvor, als Merkur noch im Steinbock stand. Der Ideenreichtum dieser Merkur-Position wird uns nun die kommenden 3 Wochen immer wieder erfrischen. Das Leben will neu gedacht werden. Es gibt uns eine große Vielfalt an Interessen kund. Nur, alle werden wohl kaum in die Welt kommen.

Merkur steht in Umarmung mit Pluto. Das verursacht tiefgreifende Gedanken. Man kann sich wissenschaftlichen Forschungen widmen. Dazu passen besonders die Physik, dabei die Quantenphysik im Speziellen. Wie ein Laserstrahl können die Gedanken fokussiert werden, um etwas entstehen zu lassen.

Zusätzlich wird Merkur von Neptun günstig aspektiert. Damit ist die Intuition ausgezeichnet. Man kann das Gefühl bekommen, wie von Geisterhand genau das Richtige in die Wege zu leiten. Das nennt man auch göttliche Führung.

Die Energie des Umfeldes ist wesentlich deutlicher zu spüren als zu anderen Zeiten.

Unser Liebesplanet Venus in den sensiblen und mitfühlenden Fischen wird noch weiter von Mars unter Strom gesetzt. Das männliche und weibliche Prinzip passen auch in dieser Woche nicht so recht zusammen. Mars in Zwillinge wirkt auf die Venus viel zu unsensibel und vordergründig. Man kann sehr leicht durch Worte verletzt werden.

Venus bekommt aber auch weiterhin aufregende Impulse von Uranus. Das weckt in ihr die Lust auf neue, unkonventionelle Liebeserfahrungen.

Man kann schon ziemlich abtauchen in andere Dimensionen, denn Venus wandert in dieser Woche auch auf unseren Seelentieftaucher Neptun in den Fischen zu. Da kann man sich der Romantik hingeben oder auch den schönen Künsten, der Unterstützung Hilfebedürftiger und den spirituellen Tätigkeiten. Es ist eine recht vergeistigte Liebesenergie unterwegs. Wenn sich neue Paare in dieser Zeit begegnen, ist es gut, diese doch etwas verklärte Zeit erst einmal abzuwarten, bevor wichtige Entscheidungen gefällt werden. Andererseits kann man auch tatsächlich jetzt dem Seelenpartner begegnen.

Und nun möchte ich noch etwas zu Pluto, unserem tiefgreifenden Wandler im Steinbock, sagen.

Pluto wird am 11.02. die kritische 29-Grad-Position im Steinbock einnehmen.

Kritische Grade geben uns in der astrologischen Betrachtung immer sehr wichtige Informationen. Es gibt verschiedene kritische Grade, die auch den unterschiedlichen Sternzeichen-Qualitäten zugeordnet sind. Es sind die Grade, die uns etwas schwierigere, bedeutendere und auch intensivere Erfahrungen vermitteln, wenn auf diesem Grad ein Planet zu finden ist im Persönlichkeitshoroskop oder eben dort drüber läuft. Der 29. Grad wird in jedem Sternzeichen als kritisch bezeichnet.

Er ist wie ein sensibler Grad. Pluto auf diesem Grad im Steinbock, dem Behördenzeichen, bekommt für die Zeit vom 11.02. bis 23.03. noch einmal besondere Bedeutsamkeit. Der Transformationsauftrag in den staatlichen Einrichtungen aller Art soll nun in seine Endphase eintreten und all das, was noch zu bearbeiten ist, endgültig abschließen. Das kann unter Umständen mit starken, zwingenden Veränderungen einhergehen. Wir wissen nun schon, dass Pluto die totale Erneuerung in sich trägt. Wir können gespannt sein, wie sich diese Kräfte noch einmal manifestieren, um dann den Übergang von Pluto in den Wassermann vorzubereiten. Grundsätzlich ist es immer eine schwierige Phase, wenn Planeten von einem Sternzeichen in ein anderes übergehen, weil diese so unterschiedliche Grundqualitäten verkörpern.

An dieser Stelle beende ich jetzt wieder meine Wochenausführungen und wünsche dir eine wundervolle und erlebnisreiche Woche.

Wochenhoroskop vom 12.02. bis 18.02.2024

Der Spruch der Woche lautet:

> Sonne und Uranus sind weiter in Spannung. Das bringt weitere Aufregung. Mit Merkur in Spannung zu Uranus und Jupiter sind die Nerven stark angespannt, und dann wechseln sowohl Venus als auch Mars in den Wassermann.

Jetzt erwartet uns die nächste aufregende Woche mit allerhand Highlights. Die Faschingswoche ist angebrochen. Die Narren sind unterwegs und am Mittwoch, den 14.02., ist Valentinstag. Diese Tage sind von einer Sonne-Spannung zu Uranus begleitet. Alles geballte revolutionäre Kräfte. Das kann so manches Konzept völlig über den Haufen werfen und für viel innovative Veränderung sorgen. Das betrifft in dieser Woche alle wichtigen Energiefelder.

Mit der Spannung zwischen Sonne und Uranus sind die befreienden Kräfte nach wie vor besonders stark aktiviert. Es kann gut sein, dass man von einer inneren Unruhe erfasst wird und sich herausgetrieben fühlt. Einfach die hohe Energie spüren, sich mit anderen treffen, ist hier zu empfehlen. Die Themen, die ich dazu in der letzten Woche schon angesprochen hatte, bleiben in dieser Woche bis zum Mittwoch, dem 14.02., bestehen. Die Schlagworte für diese Phase sind: Verrückt, unverhofft, überraschend, unkonventionell in verschiedener Hinsicht und in den unterschiedlichsten Lebensbereichen.

Oft können die Auslöser für diese plötzlichen Veränderungen durch gemeinsame Aktivitäten in Gruppen, Gemeinschaften,

Organisationen oder Freundschaften in das eigene Leben treten. Gut anschnallen ist eine hilfreiche Maßnahme, wenn die Kräfte in Bewegung kommen.

All diese Energien werden gleichzeitig von Merkur, unserem Denker, Planer, Geschäftemacher und Organisator im Wassermann in einer Spannung zu Jupiter und Uranus im Stier ordentlich in Bewegung gebracht. Das Nervenkostüm ist auf´s Höchste in Alarmbereitschaft versetzt. Da können die verrücktesten Ideen produziert werden, und man ist nicht gefeit davor, Dinge zu tun, die man sonst nie tun würde.

Das alles ist allerdings auch wie eine richtige Frischzellenkur aus dem Universum. Aufwachpotential ohne Ende.

Man muss sich nur immer wieder mal Phasen der geistigen Ruhe verordnen, sonst können die Synapsen dabei durchbrenne.

Wir haben in dieser Woche 5 Planeten im Wassermann stehen. Das ist geballte Vibration. Da kann es sich auch im Körper anfühlen, als ob alle Zellen in dir anfangen zu summen, wenn die Frequenzen derart ansteigen. Für die erdverbundenen Sternzeichen Steinbock, Stier und Jungfrau kann das schon eine Herausforderung darstellen, wenn so viele Planetenvertreter im Luftelement anfangen, in Schwingung zu geraten. Es ist viel spirituelle Kraft am Wirken; viel heilende Energie mit himmlischer Anbindung. Auch wundersame Dinge können sich dabei ereignen. Bleiben wir also offen für Wunder.

Die ersten 3 Tage sind also auch die echten Tollen 3 Tage, wie sie der Fasching so mit sich bringt. Auch unser Gefühlsplanet Mond wandert von Rosenmontag über Faschingsdienstag im Widder, und erst am Mittwoch, dem Valentinstag, in den späteren Nachmittagsstunden, in den Stier. Also kann in den ersten beiden Tagen schön mächtig Halligalli unterwegs sein. Supermond passt natürlich wunderbar für den Tag der Verliebten.

Jetzt komme ich zu unserem Liebesplaneten Venus. Die Göttin der Schönheit, der Kunst, der Liebe und des Geldes wandert nun am Freitag, den 16.02. um 17:05 Uhr, ebenfalls in den freiheitsliebenden Wassermann. Und jetzt tritt auch sie in alle zuvor genannten Energiefelder mit ein. Damit trifft die aufregende Kraft auf unsere Art, wie wir Beziehungen eingehen und leben, ebenfalls zu. Alles ist in der Erneuerung begriffen. Das trifft sowohl auf Wassermann als auch auf die Energie von Uranus zu.

Ich gebe hier mal einige Worte zum Verständnis von Uranus und Wassermann mit dazu. Diese Kraft ist impulsgebend, entwicklungsfördernd für das Bewusstsein, sehr unkonventionell, entwurzelnd, erneuernd, erweckend, unvorhersehbar, überraschend, erfinderisch, befreiend, trennend, beunruhigend, sehr luftig und mental. Das Universum lässt grüßen.

Und unsere Venus bekommt in dieser Position im Wassermann einen massiven Kräfteschub von den Planeten Mars, Uranus, Neptun und Pluto. Sie stehen in förderlichen Verbindungen und können in völlig neue Dimensionen vordringen. Das kann ein echter Booster in Liebe, Beziehung und Geldangelegenheiten mit sich bringen. Natürlich muss man gut schauen, wie die persönlichen Planeten dazu positioniert sind. Das ergibt dann erst den entsprechenden eigenen Energie-Cocktail.

Denn auch Mars, unser Energie-Planet, wandert schon am Anfang der Woche, am Rosenmontag, den 13.02. um 07:05 Uhr, in den Wassermann. Dort steht er ebenfalls mit Neptun und Pluto, den beiden großen Gesellschaftsplaneten, in starkem Kontakt und zu Jupiter im Spannungs-Winkel.

Das schürt die Abenteuerlust und das Glücksritter-Verhalten auch nochmal zusätzlich. Also wie man sieht, ist das eine Woche, die nur so gespickt ist mit Aufregern aus allen möglichen Perspektiven. Jetzt kommt es nur darauf an, das Beste daraus zu machen und den unglaublichen Schwung für sich auch klug einzusetzen.

Und damit beende ich wieder meine Wochenschau und wünsche dir viel Nervenstärke und eine erfolgreiche Woche.

Wochenhoroskop vom 19.02. bis 25.02.2024

Der Spruch der Woche lautet:

> Wir bekommen einen Vollmond. Unsere Sonne und Merkur, der Denker-Planet, wechseln das Zeichen, und in der Liebe ist viel Aufregung im Feld.

Gleich am Montag, den 19.02., haben wir in der Früh um 05:13 Uhr den angekündigten Zeichenwechsel unserer Sonne in das sensitive und verträumte Sternzeichen Fische. Damit ist die besondere Charakteristik der Fische schon mal offenbar. In den kommenden 4 Woche bekommen wir viele hochsensible und fantasievolle Impulse vom Sternzeichen Fische geliefert. Die intuitive Wahrnehmung ist besonders stark in der Fische-Zeit. Es verstärkt das Einfühlungsvermögen und die Fähigkeit, beim Gegenüber die seelischen Themen zu erfassen.

Wer in heilenden, therapeutischen oder künstlerischen Berufen tätig ist, kann sich von den vielen schönen Anregungen aus der geistigen Welt inspirieren lassen.

Die sensiblen Antennen der Fische-Sonne werden zusätzlich ab dem 21.02. von Jupiter beflügelt und von Merkur verstärkt, denn unser Denker wandert in eine Umarmung mit unserer Sonne. Das könnte so manche Visionen und große Hoffnungen auf den Plan rufen. Aber hier wird dann am Ende der Woche unser Hüter und Begrenzer aktiviert. Sobald Merkur am 23.02. um 08:29 Uhr ebenfalls in das Sternzeichen Fische wandert, kommt Saturn auch zum Tragen. Er entfaltet dann bereits sein strukturierendes und klärendes Naturell und sorgt für mehr Fokus. Das kann auch zu einer kühlen Ernüchterung führen. Aber Jupiter lenkt bereits seine Energie auf diese Konstellation von Sonne und Merkur in hoffnungsvolle Bahnen. Somit wird die Saturn-Klarheit mit fantastischen Geistesimpulsen aufgeladen. Es können Wünsche und Hoffnungen in die Realität umgesetzt werden. So eine Saturn-Konjunktion kann die Aufgaben und Vorhaben immer etwas anstrengender werden lassen. Das Ergebnis kann sich aber am Ende sehen lassen. Noch deutlicher wird diese Verbindung aber dann in der kommenden Woche. Ansonsten wird uns Merkur in den Fischen in den folgenden 3 Wochen so einige wundersame Ideen und märchenhafte Vorstellungen offenbaren. Das liefert allerhand Stoff zum Träumen.

Unser Liebesplanet Venus im unkonventionellen Wassermann steht noch bis zum 21.02. im Bann von Pluto, unserem tiefgreifenden Wandler im Wassermann. Grundsätzlich ist so eine Verbindung mit großen Leidenschaften gekoppelt und sucht nach intensiven Liebeserfahrungen, die sehr tief gehen. Nun ist aber bekannt, dass die Energie des Wassermanns eher auf Distanz gerichtet ist. Das kann manche Erlebnisse schon recht surreal erscheinen lassen. Zur Venus in Verbindung mit Pluto habe ich letzte Wochen einiges erläutert. Das trifft auch in dieser Woche weiterhin zu.

Venus geht dann auch eine enge Umarmung mit Mars im Wassermann ein. Das ist eine sehr sprudelnde und erregende Energie. Besonders stark wirkt diese Verbindung am Mittwoch, den 21.02., wenn diese Konjunktion gradgenau auf 06° Wassermann steht. Das männliche und das weibliche Prinzip stehen zwar eng zusammen, aber die sprudelnden Kräfte driften eher auseinander. Zusätzlich wird diese sowieso schon aufregende Verbindung noch von Jupiter im Stier unter Strom gesetzt. Das ist geballte Aufbruchsenergie. Das nennt man auch gern die

Glücksritter-Konstellation. Es gibt kein Halten in solchen verrückten Phasen. Man riskiert viel und manchmal geht es tatsächlich auch gut. Man muss einfach schauen, wie sich das im persönlichen Horoskop abzeichnet.

Da Venus auch noch die zwingende Energie von Pluto an sich heften hat, kann diese Kraft auch richtig explosiv wirken. Und bei Venus geht es ja bekanntlich immer auch um unseren Besitz und unser liebes Geld. Es zeichnen sich immer deutlicher die wassermännischen Kräfte ab. Und damit meine ich den Digitalisierungsprozess grundsätzlich. Gut möglich, dass es da zu einigen Unruhen kommt.

Ich kann aber auch sagen, dass die höheren Kräfte, die von den globalen Playern Jupiter, Saturn, Uranus, Neptun und Pluto repräsentiert werden, gute Verbindungen zueinander herstellen. Was sich entwickelt, gehört zum aktuellen kosmischen Plan für uns als Menschengemeinschaft.

Die Frage ist nur für dich, ob du dich auf die neue Zeit gut vorbereitet hast. Dann kannst du den Schwung dieser großen Welle der Änderungen auch für deine Prozesse einsetzen und klug nutzen.

Und damit beende ich wieder meine Wochenausführungen und wünsche dir grandiose Erfahrungen.

Wochenhoroskop vom 26.02. bis 03.03.2024

Der Spruch der Woche lautet:

> Unsere Sonne steht in enger Umarmung mit Merkur und Saturn. Da verbinden sich Traum und Wirklichkeit. In der Liebe kommt viel Aufregung. Mars, unser Energieplanet, liefert eine Menge Zündstoff.

Diese Woche bringt auch wieder sehr interessante Entwicklungen mit. Eine davon ist die Kombination von Sonne, Merkur und Saturn. Alle drei Planeten in den Fischen. Und Fische mögen es zu träumen und sich hinzugeben. Na ja, mit Saturn an Bord könnte man wahrscheinlich viel klarere Träume bekommen als sonst so üblich mit Fische- oder Neptun-Beteiligung. Diese sollen ins reale Leben einziehen. Saturn steht immer für den Realcheck.

Nun ist unsere Sonne zusammen mit Merkur und Saturn günstig zu Jupiter platziert. Das verspricht sehr viel Zuversicht und allerhand günstige Möglichkeiten. Da wollen jetzt neue, hilfreiche Projekte richtig Fuß fassen. Jupiter erweitert alles, was ihm vor die Nase kommt, und mit Saturn gibt es realen, beständigen und langfristigen Charakter. Das ist eine ausgezeichnete Voraussetzung für neue Vorhaben.

Ab dem 02.03. dann bekommen Sonne und Merkur auch einen günstigen Uranus-Aspekt. Da sprießen Ideen nur so heraus. Da werden Technik und Spiritualität besonders gefördert. Innovative Neuheiten können unser Leben auf vielen Ebenen revolutionieren. Viele Überraschungen stehen auf dem Plan. Im persönlichen Leben kann man sich in dieser Phase auch so einiges einfallen lassen. Es ist eine erfrischende, belebende und erneuernde Zeit. Wohl dem, der die Zeichen der Zeit jetzt auch effektiv zu nutzten weiß.

Unser Liebesplanet Venus bekommt auch in dieser Woche allerhand aufregenden Konstellationen. Allein schon die Konjunktion zwischen Venus und Mars, unserem Energielieferanten, bringt allerhand Stimmung ins Feld. Ich nenne diese Verbindung auch immer gern eine Umarmung, zum besseren Verständnis. Das männliche und weibliche Prinzip arbeiten in die gleiche Richtung. Und es geht hier um Unabhängigkeit, Freiheit und Individualität. Das kann allerdings auch zu einigen spontanen Entscheidungen führen.

Uranus steht ab dem Wochenende zu dieser Umarmung in Spannung, und da wird die Aufbruchstendenz zusätzlich verstärkt. Erlebnisse in dieser Zeit sind unvorbereitet, unkonventionell und können völlig aus der Art geschlagen sein. Da Venus auch neben der Liebe unser Geld und den Besitz repräsentiert, sind genau in dieser Zeit diese Themen besonders unruhig und unvorhersehbar.

Der Kosmos spült hier aber mit einigen sehr günstigen Konstellationen viele Vorteile in das Geschehen. Daraus lässt sich auch ableiten, dass die außergewöhnlichen und ereignisreichen Änderungen genau zum kosmischen Plan gehören.

Vieles sortiert sich erst wieder nach den großen Aufregungen und Veränderungen. Die ganzen Global Player stehen aber noch sehr lange äußerst günstig zu den neuen Entwicklungen. Und das heißt, dass es sich auf die ganze Menschengemeinschaft auswirken wird.

Mit den vielen aufregenden Kräften muss man auch gut umgehen. Jupiter, unser Glücksplanet, steht auch weiterhin in Spannung zu Mars im Wassermann. Das ist die Glücksritter- und Abenteurer-Konstellation schlechthin. Auch Uranus steht dann ab dem Wochenende im Spannungsfeld zu Mars.

Man nennt diesen Aspekt gern den Unfall-Aspekt. Wer zu schnell zu viel erreichen will, hat dann meistens nicht die besten Karten. Damit sind die Themen Achtsamkeit und Aufmerksamkeit im persönlichen Umfeld wieder sehr wichtige Begleiter, damit die vielen, kreativen Ideen und Vorhaben auch die Chance haben, in die Welt zu kommen.

Mars, unser Energieplanet, steht auch ab dem 29.02. in einem günstigen Aspekt zu unserem Mondknoten, der gesellschaftlichen Seelenentwicklungsaufgabe. Damit wird sehr viel kraftvolle Energie freigesetzt, um sich selbst zu verwirklichen und mit Schwung die neuen Möglichkeiten anzupacken. Dem Tüchtigen gehört die Welt. Mars beschreibt immer die Fähigkeit, sich durchsetzen zu können und Energie freizusetzen. Im Wassermann werden besonders alle Gruppen, Gemeinschaften, Organisationen und Freundschaften stark angesprochen.

Genau in diesen Bereichen werden sich der große Schwung und die Veränderung abzeichnen. Es soll aber auch eine gewisse Leichtigkeit bekommen, denn Wassermann-Energie ist eben auch sehr luftig. Es treffen sich Menschen aus unterschiedlichster Herkunft, Kulturkreisen, Religionen oder gesellschaftlichen Ständen.

Und damit beende ich wieder meine Wochenvorschau und wünsche dir eine erfolgreiche und erlebnisreiche neue Woche.

Wochenhoroskop vom 04.03. bis 10.03.2024

Der Spruch der Woche lautet:

Unsere Sonne bekommt viel Energie. Wir bekommen einen Neumond. Merkur, unser Denker, wandert in den Widder. Und wir haben den internationalen Frauentag.

In dieser Woche ist unsere Sonne in den Fischen noch weiterhin stark frequentiert. 4 Planetenvertreter stehen im sensitivsten Zeichen des ganzen Sternenzirkus. Das sind Sonne, Merkur, Saturn und Neptun. Und auch die Aspekte zur Sonne sind sehr energiereich. Die Umarmung mit Merkur und Saturn besteht noch bis zum 06.03. Auch die freundliche Verbindung zu Jupiter verbleibt noch bis zum Samstag, den 09.03. Damit bleiben die Informationen dazu aus der letzten Woche weiter aktuell.

Viel Zuversicht liegt in der Luft. Günstige Möglichkeiten und hoffnungsvolle Energie erfüllen das Umfeld. Auch wenn eine Sonne/Saturn-Umarmung anstrengend anmuten mag, so kann die Jupiterkraft doch viele positive Impulse in die Themen Verantwortung und Disziplin einfließen lassen. So lassen sich schwierige Aufgaben mit mehr Schwung in die gewünschte Richtung lenken.

Die Verbindung zwischen Sonne und Uranus wird immer stärker. Das fördert Innovationen im technischen, energetischen und auch spirituellen Bereich. Damit werden die eben angesprochenen saturnischen Aufgaben durch Erneuerungen in eine höhere Dimension hineingehoben. Das ist für die weitere Entwicklung sehr förderlich. So lassen sich Tradition, die von Saturn repräsentiert wird, und moderne Innovation (Uranus) sehr gut miteinander in Einklang bringen.

In dieser Phase haben wir am 08.03. unseren allseits bekannten internationalen Frauentag. Dazu wünsche ich allen Frauen alles erdenklich Gute.

Wir bekommen am 10.03. um 10:00 Uhr am Vormittag den angekündigten Neumond in den sensiblen Fischen. Wie bekannt ist, kann man bei Neumond neue Projekte, Vorhaben oder Veränderungen starten. Hierzu ist es dann immer gut zu schauen, wie sich die Planeten des eigenen Horoskops dazu verhalten.

In den Fischen sind dann die Qualitäten dieses Sternzeichens besonders angesprochen. Hier steht sehr oft das Thema Dienen, Helfen und Heilen ganz oben auf der Agenda. Auch die schönen Künste, die sensiblen Antennen und die Ruhe in der Abgeschiedenheit stehen auf dem Plan. All das will sich Raum verschaffen in dieser Phase.

Merkur, unser Denker, Planer und Geschäftsplanet, wandert ebenfalls am 10.03. um 05:03 Uhr in den feurigen Widder. Das Gedankenkarussell kann jetzt mächtig angefeuert werden. Merkur steht auch noch bis zum 07.03. im harmonischen Aspekt zu Uranus. Da flattern immer wieder aufregende Ideen ein. Die wollen verarbeitet werden. Manchmal sind sie so schnell, dass sie schwer behalten werden können. Und sie kommen aus einer anderen Dimension, denn Merkur steht in Umarmung mit Neptun in den Fischen. Die geistigen Antennen sind hochsensibel und können hohe Frequenzen aus der Anderswelt empfangen. Zusätzlich bekommt Merkur dann einen günstigen Winkel zu Pluto ab dem 06.03. Und das kann tiefenpsychologische Erkenntnisse mit sich bringen, die auf eine neue Ebene führen. Man kann hellsichtige und visionäre Erfahrungen machen. Der

Geist ist zu telepathischer Kommunikation fähig. Mit Merkur/Pluto-Verbindung sind geistige Programmierungen keine Seltenheit. Deine Wünsche können jetzt bereits vor deinem inneren Auge deutlich zu sehen sein und so manifestiert werden.

Venus, unser Liebesplanet im unkonventionellen Wassermann, steht noch bis zum 07.03. in einer Umarmung mit Mars und in Spannung zu Uranus im Stier noch bis zum 08.03. Das bringt weiterhin allerhand Aufregung in allen Liebesangelegenheiten, Geld- und Besitz-Themen. Damit kommt viel Ungewissheit in genau diese Themen. Aber das ist ja nun schon eine altbekannte Erfahrung. Das Einzige, was in solchen Phasen sicher ist, ist die Veränderung. Wer an alten Mustern klammert, kann sich hier mit unangenehmen Erlebnissen konfrontiert sehen. Mein Tipp bei so viel Veränderungskräften lautet immer: Bewahre so gut du kannst die innere Ruhe und arbeite mit der Energie, nicht gegen diese.

Auch Mars, unser Energieplanet, steht weiter mit Uranus im Spannungsfeld und auch zusätzlich zu Jupiter im Quadrat. Das ist immer ein Indiz für plötzliche und unerwartete Ereignisse.

Aber Mars steht günstig zu Mondknoten, unserem gesellschaftlichen Entwicklungsauftrag im Widder. Da geht es darum, dich durchzusetzen und deine Identität zu entwickeln. Damit baust du automatisch deine innere Stärke auf. Das stärkt auch die Menschengemeinschaft auf größerer Ebene.

Der schützende Aspekt von Jupiter, unserem Glücksplaneten, in Verbindung zu Saturn in den Fischen gibt eine hoffnungsvolle Ausrichtung, dass die Entwicklungen in die richtigen Bahnen gelenkt werden.

Und damit beende ich wieder meine Wochenschau und wünsche dir einen schönen Neumond und allen Frauen nochmal einen schönen Frauentag.

Wochenhoroskop vom 11.03. bis 17.03.2024

Der Spruch der Woche lautet:

> Unsere Sonne ist hoch sensibilisiert. Merkur/Mondknoten und Heiler Chiron stehen umarmt. Venus wechselt das Zeichen und bekommt Kontrolle von Saturn.

In dieser Woche bekommt unsere Sonne in den Fischen verstärkt die hochsensiblen Impulse von Neptun in das Energiefeld. So wie ich es in der letzten Woche schon zu Merkur erläutert habe. Sie wandert im Laufe der Woche direkt auf eine Umarmung mit Neptun zu und bildet zusätzlich förderliche Verbindungen zu Uranus, unserem Revoluzzer, und Pluto, dem tiefgreifenden Wandler. Das ist ein großer kosmischer Cocktail an besonders hohen Schwingungen. Es kann mit außergewöhnlichen Erfahrungen oder spirituellen Eingebungen einhergehen. Damit gehen oft hellsichtige, hellfühlende oder telepathische Begebenheiten einher.

Das soll uns aber nicht irritieren. Die kosmischen Energien sind fast alle harmonisch verbandelt mit den irdischen Geschehnissen. Der einzige Quertreiber am Sternenfirmament ist Mars. Er sorgt in einem Spannungsfeld zu Uranus einfach für große Unruhe und Aufruhr. Dadurch kann es immer wieder zu hektischen, unangenehmen Zwischenfällen kommen.

Aber ansonsten sind die ganzen Kräfte auf eine höhere Ebene abgestimmt.

Merkur steht bis Mittwoch, den 13.03., günstig zum Wandler und Transformationsplaneten Pluto. Das bringt Große Geistige Fähigkeiten zum Vorschein, und man kann Dinge bis in die tiefsten Tiefen durchschauen, verstehen und auch neu programmieren. Der Geist ist schöpferisch. Im Laufe der Woche wandert Merkur auf Mondknoten, unseren Seelenentwicklungsauftrag als Menschengemeinschaft, zu. Das fördert die Erkenntnisfähigkeit und eine schnelle geistige Auffassungsgabe. Und in diesem Prozess wird die Umarmung von Mondknoten und Chiron direkt aktiviert.

Mondknoten und Chiron stehen schon einige Zeit in enger Verbindung miteinander. Beide haben eine Sonderstellung im Horoskop und reflektieren sensitive Punkte. Chiron, der verletzte Heiler, und Mondknoten, unser Karmapunkt, in Umarmung im Widder zeigen zum einen den objektiven Schmerzpunkt und zum anderen die Fähigkeit zur Überwindung. Diese geschieht durch Annahme der Gabe, sich auch gegen innere Torwächter durchsetzen zu lernen. Der spirituelle Lernprozess besteht darin, sich selbst helfen und heilen zu können, indem man seine Identität wahrzunehmen lernt.

In der jährlichen Fische-Phase ist das keine übliche Form sich zu zeigen und zu behaupten. Und es ist ein großer Schritt zur Unabhängigkeit.

Also, die Kräfte sind schon sehr energetisch. Sie geben einige im Äther schwingende Impulse frei, die von zukünftigen Entwicklungen zeugen. Das Denken kann in neue Dimensionen eintauchen. Das klingt alles etwas abgefahren, aber die letzten Monate und Jahre waren eine Vorbereitung auf diese neuen, hohen Schwingungen.

Ab Montag, den 11.03. um 22:50 Uhr, wandert auch Venus, unser Liebesplanet, in das Sternzeichen Fische. Auch in allen Liebes-, Geld- und Besitzfragen wird es hoch-spirituell, altruistisch und heilsam.

Allerdings wandert Venus die gesamte Woche auf unseren Hüter und Begrenzer Saturn zu. Am Wochenende beginnt dann die Umarmung mit dem Planeten der Verantwortung, Disziplin und Prüfung. Das heißt dann auch, dass in allen Venus-Angelegenheiten der unweigerliche Realcheck ansteht. Das ist weder gut noch schlecht. Das zeigt in dieser Phase einfach an, was sinnvoll ist und beibehalten werden kann und was halt keine Substanz besitzt. Und das ist dann auch offensichtlich.

In einer momentan so hoch-energetischen Phase ist es gut, auf dem Boden zu stehen und zu erkennen, wo es lang geht. Dafür ist Saturn der beste Lieferant.

Er steht auch noch eine lange Zeit in sehr positiver Position zu Jupiter, unserem Glücksplaneten. Der will Erweiterung und bringt viel Hoffnung mit. Saturn schaut dabei, wie es Wirklichkeit werden kann. Eine großartige Mischung.

Zusätzlich beginnt nun auch eine wunderbare Phase, von der schon viele Astrologen berichten:

Jupiter, unser Glücksplanet, wandert im Stier in die Umarmung mit Uranus, dem Himmelsherrscher, dem Revoluzzer, dem Geistträger schlechthin.

Das wird eine lange, sehr schöne Phase der Kraft, der geistigen Hochherrschaft, der großen Erkenntnisse und wissenschaftlichen Durchbrüche, die bis Mitte Mai anhält.

Es stehen große Erfindungen ins Haus, außergewöhnliche Neuheiten, humanitäre Projekte, die Jedem zum Vorteil gereichen. Besonders glückliche Fügungen bringen die Menschengemeinschaft einen großen Schritt voran und lassen den geistigen Horizont stark erweitern. Spirituelle Techniken, Disziplinen, Heilmethoden - und hier auch und besonders die Astrologie - können einen neuen Aufschwung erfahren. Neue wissenschaftliche Erkenntnisse bringen sehr gute neue Möglichkeiten für das persönliche und auch geschäftliche Leben mit sich. Im Stier geht es um Liebe, Sinnlichkeit, Besitz, Geld und auch um Bodenständigkeit. Das heißt, da will etwas auf Erden in die Verwirklichung gebracht werden.

Es zeichnet sich eine spannende Zeit ab.

Und damit beende ich wieder meine Wochenschau und wünsche dir eine richtig schöne, erfahrungsstarke neue Woche

Wochenhoroskop vom 18.03. bis 24.03.2024

Der Spruch der Woche lautet:

> Wir haben Frühlingsanfang.
> Das neue astrologische Sonne-Jahr beginnt. Die Energien sind weiter sehr hoch. Venus bleibt unter Saturn-Kontrolle, und Mars wechselt das Zeichen.

In dieser Woche ist es nun soweit: Das neue astrologische Jahr – unser Sonne-Jahr 2024 - wirft sich in Schale. Und zwar am 20.03. um 04:07 Uhr. Mit der Sonne sind die gesamte Strahlkraft und Lebensenergie nun in das neue astrologische Jahr gestartet. Es ist wie eine Erweckung zu neuem Leben. Das ist zwar immer zu einem Frühlingsbeginn der Fall, aber in Verbindung mit dem großen Licht und Lebensspender, unserer Sonne, hat es doppelte Kraft und Bedeutung. Die Sonne startet somit am 20.03. einen neuen Kreislauf im Sternzeichen Widder. Damit ist viel Feuer, Energie, Durchsetzungsvermögen, Kampfkraft und Impulsstärke aktiviert.

Im Sonne-Jahr 2024 hat besonders die Sonne als astrologische Größe die meiste Priorität. Auf alle Erfahrungen des Jahres und alle Konstellationen in diesem Jahr wirft die Sonne ihre wärmenden Strahlen. Mit der Regentschaft der Sonne werden alle Erfahrungen in ein helles Licht getaucht.

Unserer Sonne ist der Lebensspender schlechthin. Sie ist die kraftvollste Größe in unserem Sternensystems. Herrschaftlich, präsent, strahlend, voller Liebe und Wärme. So will sich ein Sonne-Jahr präsentieren.

Wir haben zu Beginn dieser Woche sowohl die Verbindung der Sonne in Umarmung mit Neptun, dem Seelentieftaucher, als auch einen förderlichen Winkel zu Pluto, dem Transformationsplaneten.

Damit startet die Sonnenenergie mit den hochsensiblen Antennen von Neptun in den Fischen und beleuchtet besonders stark die spirituellen, heilenden, fürsorglichen, mitfühlenden und mitmenschlichen Bereiche unserer Gesellschaft. In dieser Richtung erhöhen sich auch die Energien im Allgemeinen weiter.

Unser Denker Merkur ist ebenfalls in den Fischen seit einigen Tagen unterwegs. Damit bleibt das Denken sehr auf Mitgefühl, Verständnis, Hilfsbereitschaft und Güte ausgerichtet. Auch der verträumte Anteil wird sich hier melden und will gelebt werden. Merkur steht ohne Aspekte und kann sich ganz den geistigen Tiefen widmen. Wenn ein Planet keine Verbindungen zu anderen Kraftfeldern bildet, deutet es immer darauf hin, diese Qualität besonders zu beachten und ihr Raum zu verschaffen. Es kann auch gut möglich sein, dass man sein Umfeld in einem ganz neuen oder anderen Glanz wahrnimmt. Es ist eine sehr vergeistigte Zeit.

Venus, unsere Liebesgöttin in den sensitiven Fischen, steht weiter in einer engen Umarmung mit Saturn, der sehr kontrolliert und diszipliniert die Themen Liebe, Besitz und Geld unter die Lupe nimmt. Alles, was keine Substanz mitbringt, kann jetzt dem Realitätscheck zum Opfer fallen. Traum und Wirklichkeit stehen im direkten Fokus. Hier sind allerdings interessante und erfreuliche Begleiter mit am Werk, damit etwas Gutes in die Welt kommen kann.

Jupiter, unser Glücksplanet im Stier, und Uranus stehen beide vereint sehr verheißungsvoll zu Venus in den seelentiefen Fischen. Damit kann ein lang ersehnter Traum Realität werden. Viele glückliche Umstände sind wirksam für erfreuliche Entwicklungen. Uranus sorgt in diesem Zusammenhang für plötzliche Neuerungen, innovative Eingebungen und spirituelle Erfahrungen. Wen man sowieso schon die Märchen aus 1001 Nacht geliebt hat, könnte man denken, man sei in so einem Film.

Obwohl Saturn gern die Kontrolle behält, kann er hier sehr förderlich wirken, damit man sich nicht verliert in den ganzen außergewöhnlichen Erlebnissen. Das verschafft uns auch als Gemeinschaft interessante bewusstseinserweiternde Erfahrungen, die uns zeigen können, was möglich ist.

Auch in technischer Hinsicht sind nun weitere spannende Durchbrüche angezeigt. Es gibt vieles, dass unser Leben erfreulich bereichern kann.

Wenn dann Mars ab dem 23.03 um 00:48 Uhr auch in die seelentiefen Fische eintaucht, wird die Energie des Feuerplaneten ebenfalls von der spirituellen, intuitiven Kraft des Fische-Sternzeichens getragen. Man könnte einige interessante energetische Erfahrungen machen. Der Strom des Schöpfers geht durch jede Zelle des Körpers. In den Fischen ist Mars nicht kraftvoll, aber er bewegt die Wasser-Energie und steigert die hellsichtigen und hellfühlenden Eigenschaften. Und mit dem Wasser sind natürlich auch die eigenen Körperflüssigkeiten angesprochen. Es bewegt sich etwas.

Der Instinkt ist geschärft und steigert voller Urvertrauen die Wahrheit zur Erkenntnis. Menschen, die im persönlichen Horoskop bestimmte Verbindungen zwischen Neptun und Mars aufweisen, habe besondere Begabungen für Alchemie. Das berühmte Stroh, dass man zu Gold spinnen könnte, bietet hier den Hintergrund. Neue Erkenntnisse, Entdeckungen, wissenschaftliche oder spirituelle Besonderheiten können uns in dieser Zeit begegnen.

Unsere Global Player Jupiter, Saturn und Uranus stehen uns weiterhin in sehr günstiger Beziehung zur Verfügung. Damit sind alle Neuerungen, die mit Herz, Verstand und Seelentiefe in die Welt gebracht werden, von den kosmischen Kräften besonders gefördert. Tue etwas Gutes für dich und zeige deine humanitäre Gesinnung, um damit das Große Geistige Feld zu nähren.

Es wird hier auch eine völlig neue Sichtweise deutlich. Es heißt jetzt, nicht als erstes etwas für die Gemeinschaft zu tun und dann erst für dich. Nein, es ist genau umgekehrt! Klingt vielleicht etwas befremdlich, aber der Sinn dahinter sagt es ja schon aus: Du kräftigst dich und deinen Seelenkern, um in dieser Form automatisch der Gemeinschaft deine großen Kräfte schenken zu können.

Das sagt auch unser Mondknoten im Widder, der unseren gesellschaftlichen Seelenentwicklungsauftrag beschreibt. Hast du das erstmal klar reflektiert, erfährst du eine völlig neue Form deiner Identität. Diese unterscheidet sich gravierend von den alten Vorstellungen, die hier gern ins Feld geführt werden, wie Egoismus und Eigensinn.

Stärkst du dich selbst, stärkst du die Gemeinschaft in vielerlei Hinsicht. Damit ist das neue Kraftfeld aktiviert. Das Sonne-Jahr 2024 kann kommen.

Damit beende ich meine Wochenschau und wünsche dir einen furiosen Start in das wunderbare Sonne-Jahr 2024.

Wochenhoroskop vom 25.03. bis 31.03.2024

Der Spruch der Woche lautet:

> Wir haben die erste Finsternis des Jahres mit einem Vollmond. Die Osterwoche beginnt, und Merkur wandert in eine Verspannung zu Pluto.
> Und wir haben viel Glücksenergie im Feld

Die neue Woche beginnt gleich furios am Montag, den 25.03., mit einer halbschattigen Mondfinsternis in den Sternzeichen Widder und Waage. Sie findet in der Zeit von 04:53 Uhr bis 10:32 Uhr statt und ist zu sehen in großen Teilen Europas, Nord/Ost-Asien, im Großteil von Australien, Afrika, Nordamerika, Südamerika, Pazifik, Atlantik, Arktis und Antarktis.

Das ist immer ein spektakuläres Ereignis. Bei einer Mondfinsternis tritt der Mond in den Schatten der Erde ein und wird dadurch für kurze Zeit verdunkelt. Das fasziniert uns Menschen seit jeher und wird oft als magisch und geheimnisvoll wahrgenommen.

Mich als Astrologin fasziniert es, diese magischen Phasen aus spiritueller Sicht zu betrachten.

Nun ist natürlich in den frühen Morgenstunden die Frage, ob man die Finsternis auch beobachten kann.

In jedem Fall bringt uns so ein schönes Ereignis die Faszination des Universums näher. Die Mondfinsternis zeigt uns wie wichtig es ist, die Wunder der Natur zu schätzen.

Die erste Mondfinsternis des Jahres erweckt in uns neuen Mut und Tatkraft. Sie steht in Widder und Waage auf der BeziehungsAchse. Sie führt uns nach der letzten Finsternis vom 28.10.2023 in die nächste Phase der Erneuerung.

Der dazugehörige Vollmond im Widder entwickelt am 25.03. um 07:55 Uhr seine stärkste Kraft. An den 2 Tagen vor und nach der Finsternis haben wir große Kräfte-Ballungen im Feld. Zu dieser Finsternis steht jetzt auch Pluto noch bis zum 28.03. in einem förderlichen Winkel.

Das unterstützt alle Transformations-Themen sowohl auf gesellschaftlicher Ebene als auch im persönlichen Bereich. Hier kann man schauen, in welchem Lebensbereich sich bei dir diese Finsternis ereignet, und wo du deine Erneuerung in Angriff nehmen sollst.

Am Ende der Woche beginnt ein Spannungs-Winkel zwischen Merkur und Pluto.

Merkur, unser Denker und Planer, bekommt durch Pluto so manch geheimnisvolle Information frei Haus geliefert. Das kann auch anstrengend sein, weil man das vielleicht so genau gar nicht wissen möchte.

Aber die Osterfeiertage sind grundsätzlich von allen anderen Energien gut unterstützt. Am Karfreitag haben wir den ganzen Tag eine schöne Verbindung zwischen Skorpion-Mond zu Pluto im Wassermann und zur Umarmung von Venus und Neptun in den Fischen. Das erhöht die romantische Stimmung und bringt tiefe und leidenschaftliche Verbundenheit zum Vorschein.

Am Samstag steht Mond dann im Schützen und verbindet sich harmonisch mit Sonne und Mondknoten im Widder. Das macht sehr unternehmungslustig. Ab Nachmittag kann es zum Stimmungstief kommen und zu Streitigkeiten. Am Sonntag ist wieder der Unternehmungsgeist aktiviert, aber dieser wird begleitet von einigen Gefühlsirritationen. Das nur kurz zu den Ostertagen.

Venus in den Fischen entfernt sich von Saturn, und die hemmenden Einflüsse lockern sich täglich mehr. Sie wandert in ihrem Lauf immer näher an Neptun heran. Das füllt die liebevolle Seele mit sehr viel Mitgefühl, Hoffnung und Nächstenliebe. Zu dieser Konstellation stehen auch Jupiter und Uranus sehr günstig.

Das kann schon sehr märchenhaft anmuten. Es ist eine wundervolle Energie im Feld, die dazu einlädt, sich mit anderen zu treffen und die Festlichkeiten gemeinsam zu begehen.

Mars in Fische liefert auch den nötigen Spirit, um die Energie auf die höheren Sphären auszurichten. Mars bekommt die ganze Woche keine Aspekte und kann ganz in den Ozean des Wissens eintauchen. Das lässt die Erkenntnisfähigkeit stark erweitern. Wer weiß, was da an neuen Erkenntnissen zutage tritt. Es ist die Sphären des Nicht-Fassbaren, dabei aber unglaublich inspirierend. Allerdings ist unser Mars in den Fischen nicht allzu tatkräftig. Na ja, dann soll es momentan vielleicht auch nicht sein.

Die großen spirituellen Begleiter Jupiter, Saturn, Uranus, Neptun und Pluto stehen allesamt sehr hoffnungsvoll und unterstützend zu den neuen Entwicklungen.

Hier möchte ich direkt und im Speziellen die sich wunderbar entwickelnde Umarmung zwischen Jupiter und Uranus hervorheben. Das ist eine große, glückverheißende Energieballung. Es wurde schon viel darüber gesprochen, und in meinem Jahrbuch der Wochenhoroskope habe ich dieser Konstellation einen extra Artikel gewidmet sowie ein extra Video produziert. Diese Verbindung im Stier kann man gern richtig zelebrieren, denn diese hatten wir das letzte Mal vor 83 Jahren.

Wie die genannten Konstellationen zu deinem Horoskop platziert sind, kann ich dir ganz einfach in einem persönlichen Beratungsgespräch aufzeigen.

Und damit beende ich wieder meine Wochenschau und wünsche dir interessante Erlebnisse mit der Mondfinsternis und eine schöne Osterwoche.

Wochenhoroskop vom 01.04. bis 07.04.2024

Der Spruch der Woche lautet:

Zum Ostermontag wird Merkur rückläufig und verspannt sich weiter mit Pluto. Venus, unser Liebesplanet, wechselt das Zeichen. Sonne umarmt den Karmapunkt und Mars verbindet sich mit Saturn.

Ostermontag könnte etwas skurril werden. So beginnt die Woche schon erstmal ziemlich aufregend, wenn ausgerechnet am 01.04. Merkur, unser Denker, Planer und Geschäftemacher, in der Nacht um 23:14 Uhr auf 27° Widder rückläufig wird. Damit schafft er es gerade noch als Aprilscherz in die Tages-chronik. Was am Freitag letzte Woche begann, hält noch bis Mittwoch, den 03.04. weiter an: Merkur´s Interessen kollidieren mit denen von Pluto, unserem zwingenden und tiefgreifenden Wandler im Wassermann. Das kann jetzt so manche Pläne mächtig durcheinander würfeln, aber auch zu Verwirrungen und Missverständnissen führen. Geheimnisse könnten herauskommen, die den Status quo infrage zu stellen. Aber was ist wirklich dran an den Offenbarungen?

Merkur bleibt die kommenden 3 Wochen rückläufig und beschert uns immer wieder aufregende Veränderungen. Es ist ganz angebracht, manches mit mehr Humor zu betrachten. Der Geist ist im Widder sehr aktiv, und die Gedanken können einem da gern mal einen Streich spielen. Aber die Auffassungsgabe ist in dieser Phase auch stark erhöht. Man muss sich nur im Klaren sein, was man an Gedanken dann so ausplaudert.

Unsere Sonne wandert in eine direkte Umarmung mit Mondknoten im Widder.

Das bedeutet, dass die Ziele der Gemeinschaft und ihren Erfordernissen gut in Einklang gebracht werden können mit persönlichen Vorstellungen und Vorhaben.

Im gesellschaftlichen Rahmen erweitert sich der Spielraum der Möglichkeiten um ein Vielfaches. Im Widder deutet es auf eine kraftvolle, umsetzungsstarke Phase hin. Es geht um Aufbruch zu neuen Ufern mit dem nötigen Pioniergeist. Altes kann losgelassen werden, weil die Lektionen des Lebens gelernt wurden. Der Sieg gehört den Mutigen, die tüchtig ihr Schicksal selbst in die Hand nehmen. Im Widder folgt man seinen Impulsen. Da kann man instinktiv genau die richtigen Pfade ausfindig machen, wie die Eroberer, die neues Land entdeckten und urbar machten.

Venus, unser Liebesplanet, wandert am Freitag, den 05.04. um 05:00 Uhr in der Früh, ebenfalls in den Widder. Jetzt haben wir
5-fache Widderkraft zur Verfügung. Das ist geballte Energie für Neuanfänge.

Venus ist im Widder schnell verliebt und will am liebsten sofort den eigenen Impuls leben. Venus steht aber noch in Umarmung mit Neptun. Da werden die Impulse dann vielleicht doch eher mit Illusionen verwechselt. Aber im Laufe der Woche tropfen die wässrigen Neptunanteile immer mehr ab und in Sachen Liebe kann es heißer werden. Venus steht auch sehr günstig zu Pluto. Das kann zwei Menschen schicksalhaft zusammenführen.

Venus entfaltet nun ihre stürmischen Widder-Impulse bis zum 29.04. Das kann eine heiße Phase in allen Liebesangelegenheiten, Sinnlichkeit, Schönheit, Geld und Besitz anzeigen. Und wenn Venus und Pluto günstig zusammenkommen, dann ist viel Potenzial für große Gewinne vorhanden.

Mars, unser Energielieferant, verbindet sich in dieser Woche immer stärker mit Saturn in den Fischen. Gradgenau wird diese Verbindung aber erst nächste Woche. Normalerweise kann das einen Energiestau produzieren. Aber Saturn steht ja sehr günstig zu Jupiter, und dieser steht in Umarmung mit Uranus. Das zeugt von einer gut strukturierten Kraftentwicklung, die mit hoffnungsvollen spirituellen Dimensionen in Kontakt steht. In den Fischen sind die Planeten Saturn und Mars beide nicht zu Hause. Aber sie bringen ihre wichtigen Qualitäten in den großen Ozean des Wissens ein. Damit können intuitive, oft nebulöse Ahnungen in das reale Bewusstsein gehoben werden. Das eröffnet uns Dimensionen geistiger Schätze, die für die menschliche Weiterentwicklung fantastische Möglichkeiten eröffnen.

Die phänomenale Verbindung zwischen Jupiter und Uranus im Stier würde ich mal so salopp als Himmlische Hochzeit einstufen. Sie ist derart verheißungsvoll, dass man kaum einschätzen kann, was uns da in unser Leben schneien will.

Jupiter und Uranus sind zwei mächtige und sehr spirituelle Planeten. Der Große Geist des Wissens verbindet sich mit den universellen Bewusstseinsinhalten und den technisch wissenschaftlichen Forschungen. Was für eine grandiose Mischung. Im Erdzeichen Stier bringt uns diese Konstellation erdverbundene, praktisch anwendbare Innovationen, die auf Erweiterung der Erkenntnisse auf den verschiedensten Gebieten ausgerichtet sind. Bis Mitte Mai bleibt uns diese außergewöhnliche Kombination erhalten. Und es lohnt sich zu schauen, in welchem Lebensbereich bei dir im Horoskop diese Umarmung sichtbar wird. Dort kannst du sehr erfreuliche Erfahrungen machen.

Und damit beende ich meine Wochenschau und wünsche dir eine ganz großartige, erfolgsträchtige Woche.

Wochenhoroskop vom 08.04. bis 14.04.2024

Der Spruch der Woche lautet:

> Wir haben die erste Sonnenfinsternis des Jahres, begleitet von Neumond. 5 Energiefelder stehen im Widder. Sonne verbindet sich mit rückläufigem Merkur und alles ist auf Neuanfang ausgerichtet.

Die Woche beginnt so spektakulär, wie die letzte geendet hat. Gleich am Montag, den 08.04. in der Zeit von 15:42 Uhr bis 22:52 Uhr, können wir eine totale Sonnenfinsternis erleben. Sie findet im Widder statt und ist sichtbar im Westen Europas, in Nord- und Südamerika, Pazifik, Atlantik und in der Arktis.

Es ist immer ein schönes astronomisches und astrologisches Ereignis. So etwas passiert, wenn der Mond vor der Sonne vorbeizieht und einen Schatten auf die Erde wirft. Dadurch entsteht ein außergewöhnliches visuelles Spektakel, da der Mond die Sonne vollständig bedeckt und alles für einige Minuten in Dunkelheit taucht. Der Himmel nimmt einen unheimlichen Zwielicht-Ton an, und Sterne werden bei Tageslicht sichtbar! Markiere dir den Tag und die Zeit, damit du es selbst beobachten kannst, wenn die Sichtverhältnisse es ermöglichen.

Begleitet wird die Sonnenfinsternis von dem dazugehörigen Neumond im Widder. Und Neumond kündigt immer eine Erneuerung oder einen Neubeginn an. Nun geht der Mond in die zunehmende Phase. Das bedeutet auch für die Dinge, die jetzt wachsen sollen, dafür gute Chancen bekommen. Es liegt jetzt an dir, die richtigen Weichen zu stellen und das zu starten, was dich ausmacht und was der Gemeinschaft von Nutzen ist.

Im Widder geht es immer darum, deinen Impulsen zu folgen, dein Ich-Will zu verwirklichen und direkt die Umsetzung zu beginnen. Die Sonnenfinsternis steht gleichzeitig auch in einer Umarmung mit dem rückläufigen Merkur im Widder. Die Gedanken sind spritzig und gefüllt mit feurigen, abenteuerlichen Ideen, die keinen Aufschub dulden. Die Kommunikation kann sehr direkt ablaufen. Jetzt haben wir mit rückläufigem Merkur oft schon ungute Erfahrungen gemacht. Das kann dann mit Missverständnissen und Unklarheiten einhergehen. Aber die gesamten Planetenverbindungen, die wir in dieser Woche erfahren, stehen alle harmonisch zueinander.

Wir haben sowohl Sonne, Mond, Merkur als auch Venus, Mondknoten und Chiron in einer großen Umarmung gemeinsam im Widder stehen. Jetzt arbeiten 6 Energiefelder gemeinschaftlich miteinander. Wenn mehre Planeten beieinanderstehen, nennt man das ein Stellium. Und das ist ein geballtes Stellium.

Es bedeutet eine starke Energie und Dynamik. Der Widder ist das Feuerzeichen des Beginnens. Er symbolisiert Stärke, Mut und Entschlossenheit. Die 6 Kraftfelder in diesem Zeichen verstärken alle Eigenschaften noch weiter und bringen eine geballte Ladung an Tatendrang mit sich. Es ist abzusehen, dass die nächste Zeit voller Initiativen, Abenteuerlust und einer starken Durchsetzungsfähigkeit sein wird. Entscheidungen werden schnell getroffen und die Handlungen werden mit großer Intensität ausgeführt. Das erzeugt auch ein Wettbewerbsklima. Jeder möchte gern der erste sein, der seine Idee in die Welt bringt, um sich vorn zu platzieren.

Diese Konstellation bringt viel Leidenschaft und Aufregung in den Alltag. Man muss jetzt nur gut aufpassen, dass man sich dabei nicht selbst überholt. Diese starke Impulskraft kann aggressives Verhalten mit sich bringen. Es ist immer gut, sich eine gewisse Gelassenheit anzueignen, damit du die Kräfte optimal nutzen kannst.

Es kommt hier sehr darauf an, wie deine eigenen Planeten im Persönlichkeitshoroskop dazu platziert sind. Daran kann man sehen, was diese Kräfte für dich bedeuten und wo es dich hinführen will.

Grundsätzlich ist zur Sonnenfinsternis auch wieder zu sagen, dass sie auf der Achse von Widder und Waage liegt. Damit sind Mars und Venus die Planeten, die diese Finsternis beleuchten. Und hier geht es einerseits um das Ich und das Du und andererseits um das männliche und weibliche Prinzip. Sei du selbst und sei ganz bei dir. Der Zeitraum der Wirksamkeit erstreckt sich wieder über mindestens 6 Monate. Wenn du allerdings persönliche Planeten im Kontakt mit Finsternis stehen hast, kann es für dich einen Wirkungszeitraum bis zu 3 Jahren beschreiben.

Was macht Venus, unser Liebesplanet? Venus im Widder steht noch weiterhin bis zum 12.04. in günstiger Position zu Pluto. Das verheißt uns ebenfalls besondere Erfahrungen in allen Venus-Themen. Hier geht es um Liebe, Sinnlichkeit, Schönheit, Besitz und Geld. In der letzten Woche hatte ich dazu schon einige Ausführungen gemacht.

Mars, unser Energieplanet in den Fischen, steht weiterhin, wie in der letzten Woche, mit Saturn in Umarmung und zu Jupiter in harmonischem Winkel. Dazu ist in dieser Woche der günstige Aspekt zu Uranus gekommen. Auch diese Verbindung zeigt die Ausrichtung auf neue Erlebnisse und Erfahrungen an.

Wenn ich mir das so anschaue, könnte ich diese Phase als eine Goldgräberstimmung interpretieren.

Die ganzen Global Player, von denen ich immer wieder mal gesprochen habe, stehen allesamt in großen hoffnungsvollen Aspekten und Winkeln zueinander. Die kosmischen Mitspieler senden ihre Energie gemeinschaftlich in eine Richtung. Das ist nicht nur ein Windhauch. Das sind schon größere Windstärken.

Nochmal für dich zum Verständnis aufgelistet: Wir haben einen sehr schönen Aspekt zwischen Jupiter und Saturn = verantwortungsvolle Erweiterung der Möglichkeiten. Dann der Aspekt zwischen Saturn und Uranus = gute Verbindung zwischen Tradition und Moderne.

Neptun in Harmonie mit Pluto ist ein Langzeit-Aspekt. Er zeigt den gesellschaftlichen Auftrag der kollektiven Transformation in Verbindung mit spirituellem Wachstum an.

Und dann haben wir zurzeit unseren Superstar-Aspekt am Himmel: Jupiter in Umarmung mit Uranus im Stier.

Das signalisiert eine Zeit voller überraschender Möglichkeiten aller Art. Es ist für jeden etwas im Geschenkesack. Es ist ein Aspekt, der wie ein Jungbrunnen wirken kann, der den Duft der weiten Welt versprüht und zu neuem Leben erweckt. Jugendträume können wieder hochkommen und märchenhafte Erlebnisse zeigen sich. Der Idealismus ist groß und kann tatsächlich anfassbar werden. Es will sich Gerechtigkeit für alle in der Gesellschaft verbreiten. Das ist eine schöne Vorstellung.

Und damit beende ich wieder meine Wochenvorschau und wünsche dir interessante Erfahrungen mit der Sonnenfinsternis.

Wochenhoroskop vom 15.04. bis 21.04.2024

Der Spruch der Woche lautet:

> Unsere Sonne wandert in das Sternzeichen Stier. Dann bildet sie einen zwingenden Aspekt zu Pluto. Merkur und Venus bekommen viel Anregung. Und Mars steht am stärksten im Fokus der Planeten.

Unsere Sonne wandert im Laufe der Woche auf dem Weg in den Stier in ein Quadrat zu Pluto im Wassermann. Wenn die Sonne dann am 19.04. um 15:00 Uhr im Stier angekommen ist, wird dieses Quadrat immer stärker. Stier bedeutet erdige Energie. Da geht es um Stabilität, praktische und anwendbare Belange. Es ist das Zeichen der Liebe, des Besitzes, Geldes, der Sinnlichkeit, Behaglichkeit, und es liebt auch den entsprechenden Komfort.

Die Sonne wandert jetzt die kommenden 4 Wochen durch den sinnlichen Stier. Diese Zeit ist, wie wir wissen, durch ein großes blütenreiches, natürliches Wachstum gekennzeichnet. Die Schönheit wird überall prachtvoll sichtbar.

Wenn hier jetzt ein Quadrat zu Pluto im Wassermann entsteht, dann kann das einige skurrile und unangenehme, und auch zwingende Tendenzen in sich tragen.

Stier liebt seine traditionellen, angestammten Abläufe. Und er braucht verlässliche Anhaltspunkte. Dagegen wirkt jetzt die zwingende, transformierende, auf Erneuerung drängende Pluto-Kraft. Das kann den Stier mächtig auf die Palme bringen.

Grundsätzlich braucht es einige Zeit, bis man diese Sternenvertreter aus ihrer stoischen Ruhe reißen kann. Mit dieser Konstellation ist das gut möglich. Da prallen Tradition und Innovation direkt aufeinander. Das kann schwierig zu händeln sein. Beide Sternzeichen sind stur und werden zu den fixierten Zeichen gezählt. Es ist, als ob unsere Stiere ihre Behaglichkeit gegen einen Aufenthalt in einem unbekannten Flugobjekt mit undefiniertem Ziel eintauschen sollen. Man sollte sich gut anschnallen, denn das könnte sehr interessant und abenteuerlich daherkommen.

Die anderen Planetenvertreter stehen grundsätzlich günstig platziert und bilden erfreuliche Verbindungen miteinander. Der rückläufige Merkur wandert in eine Umarmung mit Venus und Mondknoten im Widder. Das Gedankenkarussell ist sehr aktiv. Da sprudeln ständig neue Ideen hervor, die man gern sofort umsetzen will. Aber bei rückläufigem Geschäftsplanet ist trotzdem immer wichtig, genauer hinzuschauen. Es ist in Verbindung zur Venus eine sehr anregende Phase. Gedankenaustausch und Ausdrucksweise sind angefüllt mit liebevollem, kreativem, aber auch direktem Charme. Man kann sich leicht überrumpelt fühlen. Es ist eine sehr günstige Zeit, um Kontakte zu knüpfen, ein romantisches Rendezvous zu erleben oder auch mit Begeisterung neue Konzepte und Ideen zu entwickeln.

Mars, unser Energieplanet im Romantik-Zeichen Fische, wird von vier wichtigen Planeten aspektiert. Das hebt seine Bedeutung in dieser Woche hervor. Grundsätzlich ist Mars als Feuerplanet in den Fischen nicht gut aufgehoben. Da kann die Energie leicht verwässern. Aber Saturn, unser verantwortungsvoller Hüter und Bewahrer, steht noch zur Stabilisierung bis zum 19.04. zur Verfügung. Dazu hatte ich in der letzten Woche schon einiges erklärt. Jupiter, unser Glücksplanet, und Uranus, der Revoluzzer im Stier, stehen ebenfalls weiter günstig zu Mars. Der spirituelle Flow ist nach wie vor sehr aktiv. Die Neuerungen und Veränderungen bringen Dinge zum Vorschein, die man vielleicht zuvor noch für utopisch gehalten hätte.

Ab Samstag, den 20.04., bildet dann Mars eine Konjunktion (oder auch Umarmung) mit Neptun. Jetzt wird es nochmal um eine Dimension surrealer. Die Dynamik und Durchsetzungskraft können jetzt recht leicht absinken und damit auch der Energiepegel. Kraftraubende Arbeiten oder Anstrengungen sind in dieser Zeit nicht geeignet. Der Erfolg könnte ausbleiben. Es braucht jetzt Ruhe und Rückzug. Das Immunsystem braucht Unterstützung, da die Infektanfälligkeit verstärkt ist. Alle Substanzen, die jetzt zugeführt werden, haben eine stärkere Wirkung. Der Körper ist wesentlich empfindlicher als sonst.

Das Gute kommt wieder zum Schluss: Wir haben weiterhin so viele großartige, spirituelle Helfershelfer im Boot, dass schwierige Konstellationen gut verkraftet werden können.

Jupiter und Saturn sorgen für verantwortungsvolle, strukturierte Erweiterung der gegebenen Möglichkeiten.

Jupiter und Uranus in enger Umarmung im Stier zeigen eine Fülle an glänzenden, hoffnungsvollen Entwicklungen an. Man könnte das Gefühl bekommen, dass das himmlische Füllhorn über einem ausgegossen wird. Auch damit muss man erstmal gut umgehen können. Wenn zuvor der Lebenssinn darin bestand, sich für seinen Lebensunterhalt über jedes Maß krumm zu machen, kann nun die Frage im Raum stehen: Was tue ich, wenn ich nicht mehr kämpfen muss?

Der geistige Horizont erweitert sich um ein Vielfaches, und es ist gut möglich, dass man sich jetzt mit einer neuen, der Zeit angemessenen Lebensphilosophie auseinandersetzen soll.

Man sieht schon, dass auch diese Woche einige Superlative im Gepäck hat.

Und damit beende ich wieder meine Wochenschau und wünsche dir gutes Gelingen und viele schöne Erfahrungen in dieser Woche.

Wochenhoroskop vom 22.04. bis 28.04.2024

Der Spruch der Woche lautet:

> Wir bekommen einen Vollmond. Sonne und Venus sind in zwingender Spannung zu Pluto. Merkur wird wieder direktläufig. Das Immunsystem benötigt weiterhin viel Unterstützung und zwei große Konstellationen beginnen jetzt.

Wir bekommen den angekündigten Vollmond am Mittwoch, den 24.04. um 00:45 Uhr, auf der Achse Stier und Skorpion.

In dieser Zeit kommt es zu einer Intensität der Emotionen und unserer eigenen Wünsche. Die Kombination aus der sinnlichen Natur des Stieres und der tiefen, transformativen Energie des Skorpions schafft eine kraftvolle Mischung, die vergrabene Emotionen an die Oberfläche bringen kann.

Der Wunsch nach Stabilität und Sicherheit steht dem Bedürfnis nach Intensität und Leidenschaft genau entgegen. Dieser Vollmond aktiviert den Trieb zur Erforschung tiefster innerer Verhaltensmuster. Es gibt die Gelegenheit, in die Tiefen der eigenen Psyche einzutauchen, um sich verstehen zu lernen und seiner eigenen Wahrheit auf die Spur zu kommen.

Nun wird zu Vollmondzeit auch die Spannung zwischen Sonne und Pluto erneut verstärkt und kann ordentliche Machtkämpfe mit sich bringen.

Die Erfahrungen mit Pluto können sehr starken Veränderungsdruck verursachen. Dazu habe ich in der letzten Woche schon einige Details erläutert. Das bleibt auch in dieser Woche weiter aktuell. Hinter diesem Spannungs-Aspekt steckt ein fundamentaler Wandlungsauftrag, der meist zur Zerstörung einer überholten Ordnung führt, um dann wieder neu aufgebaut zu werden.

Der rückläufige Denker und Planer Merkur steht noch mit Mondknoten, unserem Seelen- und Karmapunkt als Gesellschaft, in enger Umarmung im Widder. Die geistige Beweglichkeit und schnelle, deutliche Kommunikation können alte, vergrabene Themen leicht zur Diskussion in den Fokus stellen. Erkenntnisprozesse können durch diese Auseinandersetzungen im Dialog schnell und unmissverständlich eintreten.

Wenn dann am 25.04. um 13:56 Uhr unser Kommunikator Merkur wieder vorwärts wandert, können sich so manche Ungereimtheiten und Verzögerungen wie von selbst auflösen. Geschäftsaktivitäten laufen mit einem vorwärtsgehenden Merkur deutlich besser. Ich gebe aber auch immer gern zu Bedenken, dass, wenn jemand im Persönlichkeitshoroskop einen rückläufigen Merkur stehen hat, für ihn die Dinge oft viel besser laufen als für alle anderen, die eben einen direkten Merkur im Persönlichkeitsbild stehen haben.

So richtig voran geht es allerdings dann erst wieder, wenn Merkur die Position erreicht hat, auf der er rückläufig wurde. Das dauert dann noch bis zum 13.05.

Unser Liebesplanet Venus wird ab dem 25.04. in die Mangel genommen von Pluto. Das ist immer eine anstrengende und zwingende Phase für Beziehungsthemen, Liebe, Schönheit, Sinnlichkeit, Geld, Besitz und Fähigkeiten. Wenn an Liebe oder Beziehungen die Finanzen gebunden sind, kann das leicht in Abhängigkeiten führen. Man muss schon genau hinschauen, wenn jetzt wichtige Verträge, Vereinbarungen oder größere Geschäfte geschlossen werden. Aber dazu muss man dann genauer im Horoskop schauen, wie es den Einzelnen betrifft und worauf zu achten ist.

Die stärksten Aspekte bekommt in dieser Woche weiterhin der Mars in den Fischen. Er steht weiter mit Neptun in Umarmung und die Feuerkräfte heizen die Wasserwogen ordentlich an. Es brodelt im Kessel. Aber dieses Brodeln hat günstige Wirkungen. Mars steht ausgezeichnet zu Jupiter und Uranus und ab dem 24.04. auch zu Pluto. Das ist eine Zeit, in der die Energie wohltätig für das humanitäre Miteinander eingesetzt werden kann und soll. Tiefenpsychologische Prozesse setzen jetzt großes inneres Potential frei, zum Nutzen einer ganzen Gesellschaft.

Und nun beginnt auch ein interessanter globaler Prozess, der noch einmal viele neue, große Veränderungen für viele Menschen mitbringt:

Ab dem 22.04. beginnt ein erfreulicher Winkel zwischen Saturn und Uranus. Diese Konstellation bleibt jetzt erstmal 2 Monate für uns erhalten.

Sie beinhaltet die Möglichkeit, innovative Erneuerungen harmonisch mit traditionellen Werten in Einklang zu bringen. Das fördert alle Projekte, die auf das gemeinschaftliche Wohl aller ausgerichtet sind. Man kann das Große und Ganze gut mit individuellen Erfordernissen in Einklang bringen.

Übrigens haben oft gute Politiker oder Führungspersönlichkeiten diesen Aspekt in ihrem Horoskop.

Ab dem 24.04. beginnt dann eine harmonische Verbindung zwischen Jupiter, unserem Glücksplaneten, und Neptun, unserem Seelentieftaucher. Auch diese Konstellation wird uns die kommenden 2 Monate begleiten und für friedliches, förderliches Wachstum bereitstehen. Beide Planeten arbeiten auf positive Weise miteinander und bestärken die Fähigkeiten des anderen. Jupiter mit seiner expansiven Veranlagung, Wachstum und Fülle zu produzieren, verbindet sich mit der fantasievollen, traumwandlerischen Kraft des Neptuns. Das steigert die Kreativität, erhöht das spirituelle Bewusstsein und sorgt für Wunscherfüllung aus höchster Quelle. Das hebt die Stimmung um ein Vielfaches und liefert Möglichkeiten in erstaunlichem Maße.

In strittigen Angelegenheiten kann man mit dieser harmonischen Verbindung immer einen gemeinsamen Konsens herbeiführen.

Und damit beende ich wieder meine Wochenvorschau und wünsche dir inspirierende Momente und die Fähigkeit zum Erkennen der sich bietenden Gelegenheiten.

Wochenhoroskop vom 29.04. bis 05.05.2024

Der Spruch der Woche lautet:

Unsere Sonne bekommt Unterstützung von Saturn. Venus und Widder wechseln das Zeichen. Es steht ein Feiertag an. Pluto wird für die kommenden 5 Monate rückläufig.

Unsere Sonne im sinnlichen Stier bekommt ab Dienstag, den 30.04., erfreulich stabilisierende Hilfe von Saturn, unserem Hüter und Begrenzer in den Fischen.

Im Grunde begeben sich diese beiden Planetenvertreter in ein freundschaftliches Miteinander. Saturn steht für Struktur und Verantwortung, während es bei den Fischen um Vorstellungskraft und Spiritualität geht. Und unsere Sonne im Stier verleiht dieser Mischung Stabilität und Praxisbezogenheit. Wenn sich diese drei Energien also durch einen Sextil-Aspekt verbinden, ist es, als würden sie sich zusammenschließen, um etwas Positives in unser Leben zu bringen. Möglicherweise fühlen wir uns inspirierter, geerdeter und bereit, alle Herausforderungen anzunehmen, die auf uns zukommen. Es ist wie ein kosmischer Wink vom Universum, der da sagt: „Du hast das drauf, tu etwas mit deiner Fähigkeit!" Das ist eine erfolgsträchtige Verbindung. Aber es will Schritt für Schritt vorgegangen werden.

Unser Denker, Planer und Geschäftsplanet Merkur im Widder steht noch bis zum 03.05. in einer Umarmung mit Mondknoten, unserem gesellschaftlichen Seelenentwicklungsauftrag. Dazu hatte ich in der letzten Woche schon einige Informationen gegeben. Jetzt, da Merkur wieder vorwärts wandert, wird auch einiges in die Klärung kommen. Die Kommunikation ist jedenfalls weiterhin schnell, auch manchmal schroff und unmissverständlich. Im Widder kommen die Impulse gerade und sehr direkt heraus. Merkur wandert auch auf Chiron, den verletzten Heiler, zu. Das kann andeuten, dass diese direkten Wortgefechte auch sehr heilsam sein können. Sowas wie „Heilung durch klare Kommunikation" oder einfach eindeutige Ansagen zu formulieren.

Venus, unser Liebesplanet, wandert gleich am Montag, den 29.04. um 12:31 Uhr, in den sinnlichen Stier. Hier ist sie zu Hause. Der Stier ist eines ihrer Herrschaftszeichen. Hier verbleibt Venus die kommenden 25 Tage. Die Stier-Venus glänzt durch ihren besonders guten Geschmack, ihre künstlerische Veranlagung, ihre Genussfähigkeit. Und sie weiß Treue und Beständigkeit sehr zu schätzen.

Nur hat sie im Moment einen harten Gegenspieler: Pluto setzt unserer liebevollen Venus mächtig zu. Unangenehme Zwänge fordern das Harmoniebedürfnis stark heraus. Es kann sowohl um Liebesangelegenheiten, Beziehungsthemen als auch wieder um das liebe Geld gehen. Die Themen Macht und Geld stehen hier in engem Kontakt.

Pluto im Wassermann ist stark damit beschäftigt, alles zu transformieren und traditionelle Werte auf Zukunftsfähigkeit zu prüfen. Ist das nicht gegeben, fällt diese Tradition dem Fortschritt anheim. Da können Welten aufeinanderprallen.

Es könnte sich wie ein ständiger Kampf zwischen dem Festhalten am Vertrauten und der Akzeptanz von Veränderungen anfühlen.

Zudem wird Pluto dann am 02.05. um 18:50 Uhr wieder für die kommenden 5 Monate rückläufig. Die Transformationsprozesse im Außen verlagern sich nun wieder eher nach Innen. Der Prozess der Erneuerung kommt aus uns selbst. Danach wird um dich herum vieles noch einmal mehr in die Veränderung gehen.

Mars, unser Energieplanet, wandert nun am Dienstag, den 30.04. um 16:33 Uhr, ebenfalls in sein eigenes Herrschaftszeichen, den Widder. Und Mars entfernt sich auch im Laufe der Woche immer weiter von Neptun. Damit tropfen die wässrigen Fische-Energien immer mehr ab und Mars kann sein Feuer in sich wieder entfachen. Der Energiepegel steigt Tag für Tag und die Leidenschaft und Aktionsbereitschaft ebenfalls.

In dieser Woche steht Mars noch ein direkter Kraftquell zur Verfügung durch Pluto, unseren Transformationsplaneten. In so einer Phase kann man Dinge zustande bringen, die man sich zuvor kaum vorstellen konnte. Da sind eine unbändige Power und Durchsetzungsfähigkeit vorhanden, die natürlich klug genutzt werden will. Anstrengende Arbeiten können jetzt gut zuwege gebracht werden, die deinem Umfeld großen Respekt abringen werden.

Und am Schluss kann ich wieder auf die wunderschönen kosmischen Führer aufmerksam machen. Jupiter und Uranus in Konjunktion sorgen für hohen spirituellen Schutz. Jupiter in Harmonie mit Neptun zeigt uns völlig neue Dimensionen, für unser gemeinsames Miteinander, und Saturn im Sextil zu Uranus gibt die nötige Struktur, damit Veränderungen auch klug und weise umgesetzt werden können. Genauere Erläuterungen hatte ich bereits in der letzten Woche dazu gegeben.

Und damit beende ich wieder meine Wochenschau und wünsche dir eine inspirierende Woche und einen schönen 1. Mai-Feiertag.

Wochenhoroskop vom 06.05. bis 12.05.2024

Der Spruch der Woche lautet:

> Wir bekommen einen Neumond. Es ist Christi-Himmelfahrt und Muttertag. Unsere Sonne bekommt die meisten Energien. Merkur und Venus stehen unter Spannung.

In dieser Woche bekommt unsere Sonne viel aufregende Power und Unterstützung. Am 08.05. haben wir gleich in den frühen Morgenstunden um 04:17 Uhr den angekündigten Neumond im Sternzeichen Stier. Fünf Planetenvertreter sind an diesem Tag in einer engen Beziehung zu diesem Neumond. Und zu einem Neumond gehören auch immer die Neuanfänge mit in das geschnürte Päckchen. Es ist eine geballte Ladung an Aufbruch, Erweiterung und Erneuerung im Feld. Im Stier betrifft es die ganzen Themen Liebe, Sinnlichkeit, Schönheit, Kunst, Kultur, Genuss, Besitz und das liebe Geld.

Unsere Sonne steht gleichzeitig auch weiter im günstigen Winkel zu Saturn. Damit lässt sich der Aufbruch zu neuen Ufern auch vernünftig organisieren. In der letzten Woche habe ich schon einige wichtige Informationen dazu gegeben.

In dieser Woche kommen noch einige neue Mitspieler auf's Feld. Die Sonne im Stier wandert auf eine enge Umarmung mit Uranus zu, und das kann der Vorbote für allerhand überraschende Ereignisse sein. Die Entsprechungen zu Uranus sind vielfältig. Hier mal eine kleine Auswahl dazu: Er ist anregend, entwurzelnd, erweckend, erneuernd, elektrisierend. Er bringt

Erfindergeist, Individualität, Freiheit, unkonventionelle Lösungen, aber auch Trennungen, Abbrüche oder Instabilität in die sonst so gediegene Stier-Phase unserer Sonne. Und dazu haben wir auch zusätzlich noch die immer enger werdende Umarmung von Uranus und Jupiter. Die laufende Sonne löst sozusagen diesen Aspekt schon zeitiger aus.

Das ist grundsätzlich eine hoch-spirituelle Kraftentfaltung. Das kann uns so manche Horizonte eröffnen, die wir uns so vielleicht noch nicht vorstellen konnten. Jupiter gilt in seiner Entsprechung auch als Wohltäter mit beschützender Grundveranlagung. Jupiter lässt wachsen und gedeihen. Er beschenkt, heilt, inspiriert. Aber er spekuliert auch und übertreibt gern, oder malt die Dinge größer als sie sind. Er steht für einen erweiternden Einfluss auf viele verschiedene Gebiete. Der Glaube in die höheren Kräfte und die Anbindung an die universellen Prozesse verstärkt sich zusehends, wenn Jupiter mit im Boot ist.

Ja und unsere wunderbare Stier-Sonne versteht es auch richtig zu feiern und trifft sich gern mit Freunden. Wie passend, dass wir in dieser Woche auch am Donnerstag, den 09.05., den Feiertag zu Christi Himmelfahrt begehen. Und am Sonntag, den 12.05., ist dann auch Muttertag, bei dem man seine Familienbande wieder pflegen kann. Mit diesen vielen besonderen Kraftquellen kann das aufregende Feierstimmung mitbringen.

Unsere Venus im Stier bekommt ab Donnerstag, den 09.05., stabilisierende Unterstützung von Saturn in den Fischen. Das ist eine sehr gute Zeit, um in den Liebesangelegenheiten Nägel mit Köpfen zu machen oder eben auch in Geldangelegenheiten. Günstige Saturn/Venus-Verbindungen bringen große Verlässlichkeit und Verantwortungsbewusstsein in eine Beziehung. Wer weiß, welche Überraschungen sich da anbahnen wollen.

Unser Energieplanet Mars in seinem Heimatzeichen Widder steht sehr günstig zum laufenden Transformationsplaneten Pluto im Wassermann. Das setzt große Kraftreserven frei, die unbedingt genutzt werden wollen. Man bekommt ein Gefühl von unbändiger Energie. Damit kann man große, anstrengende Projekte stemmen, die vielleicht zuvor nicht möglich waren. Wenn also etwas Großes in Planung ist, dann wäre jetzt eine richtig gute Kraftquelle zu Verfügung, um alles umzusetzen.

Unser großer Cocktail der Globalen Player ist weiter in einem kosmischen Tanz für uns alle verfügbar, um die großen Möglichkeiten aufzunehmen und in die Realität umzusetzen. Dazu gehört die schon angesprochene wundervollen Jupiter/Uranus-Konjunktion sowie die erfreuliche Jupiter/Neptun-Verbindung, die etwas Segensreiches für uns mitbringt.

Saturn in Harmonie mit Uranus baut vernünftige Pfade, um innovative Neuerungen auch in die Realität zu bringen. Und Neptun in Harmonie mit Pluto ist der größte Langzeit-Aspekt, der uns noch tiefere Einblicke in spirituelle Dimensionen gewährt.

Und damit beende ich wieder meine Wochenschau und wünsche dir eine herrliche Woche mit vielen erfreulichen Erlebnissen. Dazu einen schönen Feiertag und allen Müttern alles erdenklich Liebe.

Wochenhoroskop vom 13.05. bis 19.05.2024

Der Spruch der Woche lautet:

Wir bekommen ein riesengroßes, wunderschönes Stellium. Es ist Pfingsten. Fast alle Planeten stehen förderlich zueinander. Merkur wechselt das Zeichen und bekommt starke Spannungen ab.

Diese Woche hat wirklich wunderschöne Highlights auf Lager. So viele positive Verbindungen sind selten für einen längeren Zeitraum zu finden. Unsere Sonne im sinnlichen Stier wird umarmt von Jupiter, Uranus und Venus. Diese Planeten-Ballung auf engem Raum nennt man auch ein Stellium. Die intensivste Umarmung ist auf 23 - 29 Grad Stier zu sehen. Hier sind die Geburtstage vom 10.05. - 19.05. besonders im Fokus des universellen Sternen-Schauspiels. Das verspricht sehr schöne und großartige neue Möglichkeiten auf vielen verschiedenen Gebieten. Ich würde es als einen warmen, liebevollen Regen vorteilhafter Umstände bezeichnen.

Das genannte Stellium bildet gleichzeitig bis zum Dienstag, den 14.05., eine starke, erfolgsträchtige Verbindung zu Saturn, unserem Hüter und Begrenzer in den Fischen. Das gibt Klarheit und Realitätsbezogenheit in allen wichtigen Entscheidungsfragen. Dann besteht eine günstige Position unserer Sonne zu Neptun in den Fischen. Das stärkt die Intuition und erhöht die spirituelle Anbindung an höhere Dimensionen. Der Glaube kann bekanntlich Berge versetzen. Das allseits bekannte Bauchgefühl ist ausgesprochen stimmig. Ab Mittwoch, den 15.05., unterstützt dann auch Pluto die Sonne. Das gibt viel Schaffenskraft, Durchhaltevermögen und Willensstärke, um geplante Vorhaben gut in die Tat umzusetzen.

Im Grunde genommen bildet diese große Planeten-Konstellation mit den meisten anderen Mitspielern außerordentlich eine günstige Kombination zueinander. Die Gesellschaftsplaneten Uranus, Neptun und Pluto mischen kräftig bei der Umsetzung aller relevanten Veränderungen mit. Diese wirken förderlich für ein harmonisches gesellschaftliches Miteinander. So ist unsere Sonne mit 7 weiteren Planeten-Verbindungen in dieser Woche der Star. Gefolgt von Venus im Stier mit 5 erfreulichen Unterstützern.

Allerdings haben wir hier auch einen Störenfried, der doch noch kräftig dazwischenfunken kann.

Am 15.05. um 18:05 Uhr wandert auch Merkur in den Stier. Zuvor beginnt am Montag schon eine heftige Spannung zwischen Merkur und Pluto, unserem mysteriösen Transformationsplaneten, der im Wassermann steht. Das kann bedeuten, dass die transformierenden Kräfte in den Gruppen, Gemeinschaften, Organisationen oder auch Freundschaften mit deutlich mehr Argwohn und Hinterlist betrachtet werden. Man könte das Gefühl bekommen, dass einem die Pläne doch noch vereitelt werden.

Das Denken ist in der Stier-Veranlagung etwas schwerfälliger. Man kann doch nicht einfach mal so alles über den Haufen werfen! Frei nach dem Motto: Zu viel Gutes auf einmal kann ja gar nicht sein. Da muss doch ein Haken sein. Dahinter steckt eine scharfsinnige und tiefgründige Denkweise, die sich aber eben auch richtig zynisch zeigen kann. Wichtig ist in so einer Phase, seiner liebevollen Intuition den nötigen Raum zu geben, um eventuelle Anfeindungen mit der nötigen Toleranz nehmen zu können. Mit einer Sonne/Jupiter-Umarmung im Stier dürfte das nicht so schwerfallen.

Die Themenbereiche im Stier will ich noch einmal erwähnen. Dazu zählen: Liebesangelegenheiten, Schönheit, Sinnlichkeit, Genuss, Geld, Besitz, Kunst und Kultur, gutes Essen, Naturverbundenheit und alles, was Spaß macht. Und genau diese Lebensbereiche erfahren einen mächtigen Aufschwung.

Sonntag haben wir dann Pfingstsonntag und da liegt es besonders nahe, sich etwas Schönes für die Lieben einfallen zu lassen. Die nötigen Inspirationen kann hier auch Uranus, unser Überraschungsplanet, liefern.

Ab dem 15.05. wird auch unser Energieplanet Mars im Widder eine Umarmung mit Mondknoten, unserem gesellschaftlichen Entwicklungsauftrag, eingehen. Das verstärkt die Fähigkeit zur Selbstständigkeit und Selbstbestimmtheit.

Diese Konstellation verleiht die Fähigkeit, schnell auf veränderte Situationen reagieren zu können. Man kann sich an neue Lebensumstände spontan anpassen. Und es gibt uns, als Gesellschaft die Möglichkeit, belastendes Karma hinter uns zu lassen, und uns selbst zu neuem Leben zu erwecken.

Diese Nachricht gebe ich von Herzen gern. Es zeichnen sich sehr schöne Entwicklungen ab.

Und damit beende ich wieder meine Wochenschau und wünsche dir eine inspirierende Woche und schöne Pfingsttage.

Wochenhoroskop vom 20.05. bis 26.05.2024

Der Spruch der Woche lautet:

> Wir beginnen mit einem Feiertag. Dann wechseln Sonne, Venus und Jupiter, der Glücksbringer, das Zeichen. Und wir haben Vollmondzeit.

Unsere neue Woche beginnt schon gleich am Montag, den 20.05., mit einem Feiertag. Damit haben wir alle ein verlängertes Wochenende. Ebenfalls am Montag wechselt um 14:00 Uhr unsere Sonne, die ja den Persönlichkeitskern repräsentiert, in die aufgeregten und quirligen Zwillinge. Die Kommunikation nimmt ihren freien Lauf. In den nächsten 4 Wochen kann es sehr fröhlich, aufgeweckt, unruhig und ausgesprochen charmant zugehen. Unsere Sonne nimmt die hoffnungsfrohe Energie aus der Umarmung mit Jupiter direkt mit in das fröhliche Sternzeichen Zwillinge.

Es bricht jetzt eine Zeit an, in der man gern sein Wissen erweitern will und dieses unbedingt kommunizieren möchte. Der Geist ist schnell und wendig. Es eröffnet sich ein großer Ideenreichtum mit vielen neuen Ansätzen. Immer wieder können dich aufregende Neuigkeiten ereilen, und die Interessen sind unglaublich vielfältig. Das kann auch zu einiger Zerstreutheit führen, weil einfach die Energie sehr flattrig ist.

Den Zwillingen wird in der Mythologie auch gern der Schmetterling zugeordnet. Der fliegt von Blüte zu Blüte oder von Wiese zu Wiese und findet selten Ruhe. Die schönen Planeten-Verbindungen, die ich in der letzten Woche schon beschrieben habe, wirken auch in dieser Woche weiter nach. Die Sonne umarmt sowohl Venus als auch Jupiter und steht zusätzlich zu Neptun und Pluto sehr förderlich. Es beginnt ein reges Treiben mit Fröhlichkeit, Gesang und Tanz in verschiedenen Ausprägungen.

Ich möchte gleich dazu sagen, dass auch in dieser Woche alle Planeten sehr gut miteinander harmonieren. Im Himmel wie auf Erden wird gesungen und getanzt. Das fördert jegliche therapeutischen Maßnahmen, weil sie einfach mit Glücksenergie angefüllt sind.

Am Donnerstag, den 23.05. um 14:50 Uhr, haben wir dann den angekündigten Vollmond aus dem optimistischen Schützen. Das versetzt zusätzlich in eine idealistische Hochstimmung. Venus, Jupiter, Neptun und Pluto stehen absolut vorteilhaft dazu. Das ist Wunscherfüllungsenergie vom Feinsten.

Venus, unsere Liebesgöttin, wechselt am Donnerstag, den 23.05. um 21:30 Uhr, auch in die aufgeregten und redseligen Zwillinge.

Venus übernimmt ebenfalls alle wunderbaren Verbindungen aus der letzten Woche und trägt sie hinein in das Sternzeichen Zwillinge. Es ist ein richtiges Überflieger-Potenzial am Start. Neue Beziehungen können sich ergeben, die sich aufgrund der besonderen geistigen Übereinstimmung genau richtig anfühlen. Venus steht noch bis zum 22.05. in engem Kontakt mit Uranus im Stier. Das ergibt schon allein eine sehr spritzige und schillernde Phase der Verliebtheit. Die Erfahrung von der Liebe auf den ersten Blick ist in solchen Zeiten nicht selten.

Jetzt haben wir aber auch mit unserer Venus das Thema Geld auf dem Plan. Auch hier kann es zu plötzlichen finanziellen Gewinnen kommen. Das unterstreichen auch andere Konstellationen. Wir haben einmal die super Venus/Pluto-Verbindung und dann auch zusätzlich eine sehr starke, erweiternde Jupiter/Pluto-Verbindung. Beide Konstellationen tragen die Entsprechung von großem Reichtum in sich. Das ist schon ein fantastischer Planetencocktail. Wir dürfen gespannt sein, was er uns so beschert.

Ab dem 24.05. ist auch Merkur, unser Denker und Planer im Stier, sehr günstig positioniert zu Saturn, unserem Realitäts-Prüfer. Und es sieht richtig gut aus.

Alle Großen Player stehen ausnahmslos positiv zueinander. Man nennt sie deswegen die Großen, weil sie die langsam laufenden Energieträger darstellen. Damit kündigen sie bestimmte gesellschaftliche Entwicklungen an. Und zu diesen Großen gehören Jupiter, der 1 Jahr durch ein Zeichen wandert. Dann Saturn, der 2,5 Jahre auf Wanderung ist. Uranus geht 7 Jahre durch ein Zeichen, Neptun bleibt zwischen 14 und 15 Jahren in einem Zeichen, und Pluto bleibt zwischen 12 und 32 Jahren in einem Zeichen. Damit sind ganze Generationen von speziellen Konstellationen geprägt. Was ich jetzt damit sagen will, ist, dass hier nun eine sehr schöne, hochschwingende und friedvolle Kräfteballung am Entstehen ist. Das darf uns optimistisch in die neue Zeit schauen lassen.

Ein Highlight habe ich noch für diese Woche:

Auch unser Glücksplanet Jupiter wandert in das Sternzeichen Zwillinge, genau am Sonntag, den 26.05. um 00:15 Uhr.

Jetzt kannst du dich bereit machen für zusätzliche, aufregende Abenteuer! Mit einem Jupiter-Wechsel in die Zwillinge können wir eine Welle frischer Energie und zusätzlicher neuer Möglichkeiten erwarten. Zwillinge gehört zu den Luftzeichen, das für seine Neugier und Anpassungsfähigkeit bekannt ist. Mach dich also auf intellektuelle Anregung und den Wunsch nach vielfältigen sozialen Kontakten gefasst. Diese kosmische Kombination ermutigt uns, den Geist ständig zu erweitern, unterschiedliche Perspektiven in die Betrachtung aufzunehmen und durch Kommunikation oder Reisen nach aufregenden Erlebnissen zu suchen.

Wir haben jetzt einen großen Himmelsstürmer als Begleiter an der Seite. Der will uns ermutigen, auch Risiken einzugehen. Der Auftrag besteht darin, immer wieder den Horizont zu erweitern. Die Kommunikation wird ein Vielfaches schneller. Die Erweiterung des Bewusstseins ist mit sieben Meilen Stiefeln auf dem Weg. Die Macht der Gedanken und die Fähigkeit, mit diesen die Realität zu erschaffen, ist dann schon Normalität.

Also schnallen wir uns an und freuen uns auf die bevorstehende Zeit, denn Jupiter in Zwillinge hält einige unglaubliche Überraschungen für uns bereit!

Und damit beende ich wieder meine Wochenschau und wünsche dir einen schönen Feiertag und wunderschöne inspirierende Momente.

Wochenhoroskop vom 27.05. bis 02.06.2024

Der Spruch der Woche lautet:

Die Sonne wird weiter mit starken Impulsen versorgt. Aber Saturn steht schon zur Prüfung in den Startlöchern. Merkur bekommt in dieser Woche die meisten Aspekte.

Unsere Sonne wird nun bis zum 20.06. zusammen mit Venus in einer Umarmung durch die aufgeregten Zwillinge wandern. Das ist eine sehr lebensfrohe Energieverbindung. Das Leben will optimistisch, unterhaltsam und gesellig angegangen werden. Damit schwingen die Kräfte der letzten Woche direkt in die neue Woche hinein. Es zeigen sich eine besondere Schönheit und Gewandtheit im Selbstausdruck. Diese schöne Umarmung der beiden Wohltäter versprechen in den Zwillingen viel Abwechslung und Erlebnishunger. Es begünstigt allerlei künstlerische, geistreiche und vergnügliche gesellschaftliche Aktivitäten. Selbst die sonst doch etwas oberflächliche Veranlagung dieser Venus in Zwillinge kann jetzt zu erstaunlicher Tiefgründigkeit neigen. Das liegt an der günstigen Verbindung zu Pluto, unserem machtvollen Transformationsplaneten.

Da kann so mancher Flirt doch richtig emotional werden. Spekulationen mit Geld können jetzt gute Gewinne abwerfen.

Und nun bekommen wir zu dieser schönen fröhlichen Grundtendenz, die sich in den Zwillingen abzeichnet, unseren Hüter und Begrenzer Saturn in spannungsvoller Position als Gegenspieler. Saturn ruft Pflichterfüllung auf den Plan, verlangt Verantwortung und Ernsthaftigkeit in allen Handlungen. Er ist wieder der nüchterne Realitätsfaktor in all den schönen Entwicklungen. Er begrenzt, diszipliniert, verzögert, hält zurück und kann damit leicht zu frustrierenden Erfahrungen beitragen. Das ist jetzt weder gut noch schlecht. Diese Saturn-Position ermahnt wieder zur klaren Bestandsaufnahme dessen, was real machbar ist.

Ich kann aber dazu erwähnen, dass dieser Aspekt der einzige Wermutstropfen in allen Konstellationen dieser Woche ist.

Merkur, unser Denker, Planer und Geschäftsplanet im Stier, bekommt in dieser Woche die meisten Mitspieler in Form von Aspekt-Verbindungen. Merkur interagiert mit fünf weiteren Energieträgern.

Unser Kommunikationstalent Merkur bildet zu Saturn noch bis zum 31.05. einen vorteilhaften Winkel. Damit sind die Gedanken klar und praxistauglich. Gespräche drehen sich größtenteils um finanzielle Sicherheit oder materiellen Besitz. Andererseits mischt Saturn in den Fischen das nötige Mitgefühl und Intuition bei. Dieser Aspekt drängt dazu, unsere Träume und spirituellen Erkenntnisse anfassbar zu kommunizieren, um sie in der realen Welt manifestieren zu können.

Hier können jetzt Logik mit Vorstellungskraft verschmelzen. Das schafft die Basis, um Träume zu verwirklichen, indem sie klar ausgesprochen werden. Zur gleichen Zeit wandert Merkur auch in eine Umarmung mit Uranus, unserem Revoluzzer, unserem Überraschungsplaneten und Erwecker schlechthin. Das verursacht spirituelle Eingebungen. Die Intuition ist besonders stark ausgeprägt. Wir können auch von technischen Neuerungen und Erfindungen überrascht werden. Da auch Neptun und Pluto sehr günstig zu Merkur platziert sind, hat es eine sehr mitmenschliche und gemeinschaftsfördernde Grundenergie. Merkur wandert auch bereits am Wochenende in eine Umarmung mit Jupiter, die dann in der kommenden Woche gradgenau wird. Auch das zeigt sehr wohlwollendes, fortschrittliches und Bewusstsein erweiterndes Gedankengut an. Die Partylaune steigt. Das Universum sendet große schöpferische Ideen in die Masse, um sie zu kommunizieren und umzusetzen. Das ist eine super Phase für gemeinschaftliche Projektplanung. Die Ideen fließen nur so in den Raum.

Unsere Liebesgöttin Venus wandert von Jupiter, unserem Glücksplaneten, direkt auf unsere Sonne in den Zwillingen zu. Mit Sonne wird sie dann die kommenden 14 Tage durch die fröhlichen Zwillinge wandern. Venus steht für die Liebe, Schönheit, Harmonie, Besitz und Geld, während es bei den Zwillingen um Kommunikation und intellektuelle Aktivitäten geht. Wenn diese beiden zusammenkommen, kann man sich auf eine herrliche Mischung aus Charme, Witz, Spiel und Spaß gefasst machen.

Diese Konstellation kann uns lebhafte Gespräche, flirtreiche Begegnungen und eine allgemein aufregende Zeit bescheren. Es schwebt ein schillernder Glanz zwischen den Menschen mit. Es ist eine Zeit, in der das Telefon oder andere Kommunikationskanäle kaum stillstehen. Unerwartete Einladungen bringen viel Freude.

Venus und Pluto stehen noch in günstigem Winkel bis zum Donnerstag, den 30.05. Damit sind weiterhin gute Geschäftsverbindungen mit stolzen Gewinnen im Feld. Die vielen schönen Kontakte liefern ein unermessliches Potenzial an neuen Gemeinschaftsprojekten und gegenseitiger Unterstützung auf vielen verschiedenen Gebieten.

Ab Freitag dann bildet Venus einen sehr schönen Winkel zu Mondknoten im Widder, unserer gesellschaftlichen Seelenentwicklungsaufgabe. Mit Leichtigkeit und energiereich stellt sich ein schönes Gefühl von gemeinschaftlichem Wohlbefinden ein. Man kann mit aktiver und liebevoller Unterstützung rechnen, wenn diese benötigt wird. Der Unternehmungsgeist ist voll erwacht und verschafft ein Gefühl von „Gemeinsam sind wir stark."

Zu unserem Mars im Widder möchte ich noch sagen, dass er in dieser Woche in einer Umarmung mit Chiron, unserem Verletzten Heiler, steht. Das erinnert an die Ur-Wunde. Da schwelen versteckte Aggressionen, die lange nicht angeschaut wurden. Da ist ein wichtiger Lernprozess angezeigt. Im Widder soll man seine Handlungsfähigkeit und Durchsetzungskraft zum Vorschein bringen. Da steckt Potenzial ohne Ende drin.

Mars macht aber in dieser Woche keine weiteren Aspekte zu anderen Energie-Trägern. So kann er seine Kräfte gut im Feld des Frohsinns mit einbringen.

Und wieder haben wir eine wunderschöne Woche vor uns, und damit beende ich wieder meine Ausführungen und wünsche dir viel Erfolg, Freude und Frohsinn für die neue Woche.

Wochenhoroskop vom 03.06. bis 09.06.2024

Der Spruch der Woche lautet:

> Wir bekommen einen Neumond. Merkur und Mars wechseln das Zeichen. Es zeigen sich Einschränkungen durch Saturn und Verunsicherung mit Neptun-Spannung.

Wir bekommen in dieser Woche einen Neumond in den aufgeregten Zwillingen. Sonne und Mond vereinigen sich am 06.06. um 13:35 Uhr. Jetzt ist wieder eine Zeit der Neuanfänge angebrochen. In Zwillingen regiert Merkur, unser Denker. Es geht um alle Bereiche der Kommunikation, der Vermittlung von Wissen und des Lernens selbst.

Grundsätzlich ist das eine günstige Zeit, um neue Ideen zu entwickeln und diese mit anderen zu teilen. Im Luftzeichen Zwillinge entsteht gern eine geistreiche Atmosphäre. Das ist normalerweise die beste Zeit, um Kontakte zu knüpfen und sich auszutauschen, sowohl geschäftlich als auch persönlich. Flexibilität ist gefragt und Anpassungsfähigkeit. Neue Sichtweisen bieten viel Gesprächsstoff. Die Wahrnehmung kann sich immer wieder ändern.

Warum habe ich eben erwähnt, dass es „normalerweise" die beste Zeit ist mit dem Neumond in Zwillinge? Nun, hier die Auflösung:

Sonne, Venus und Merkur in den Zwillingen bekommen ordentlich disziplinarische Maßregelungen. Saturn, unser Hüter und Begrenzer in den Fischen, will Ordnung, Klarheit und Struktur. Und Saturn steht zu diesen drei Planeten in einer Quadrat-Spannung. Sonne und Venus laufen schon seit vergangener Woche in enger Umarmung. Merkur kommt erst am Wochenende dazu.

Diese drei Planeten-Freunde repräsentieren in den Zwillingen spielerische Leichtigkeit mit Frohsinn und viel Witz, aber eben auch so einige Leichtsinnigkeiten. Die soziale, mitmenschliche Komponente will gelebt werden. Aber da schiebt unser Realitätsfaktor Saturn einen Riegel vor. Jetzt stehen wieder heftige Prüfungen auf dem Plan. Saturn verlangt Verantwortung, Selbstbeherrschung und Kontrolle. Im Grunde geht es hier auch um einen Ausgleich zwischen dem spielerischen Spaßfaktor und der Pflichterfüllung zur Bewältigung von wichtigen, zielführenden Aufgaben.

Diese Phase kann sehr ernüchternd wirken und als Belastung empfunden werden. Viele Vorhaben brauchen jetzt mehr Zeit zur Umsetzung. Es kann auch harte Einschränkungen zur Folge haben. Körperlich könnte man sich überfordern, weil sehr viel zu bewältigen ist. Das Immunsystem braucht Hilfe und Stärkung. Diese einschränkende Phase bleibt 14 Tage aktuell.

Merkur bildet erstmal noch bis zum 07.06. eine Umarmung mit Jupiter. Beide Planeten sind miteinander im Geiste verwandt und beflügeln sich gegenseitig, trotz Saturn-Einschränkung. Da findet sich immer ein Weg; und wenn es in ganz andere Dimensionen führt, dann ist eben das gerade der Weg. Jupiter/Merkur ist auch eine Entdecker-Energie. Sie schwingen zwar sehr unterschiedlich, aber ergänzen sich auch sehr. Merkur liefert den kommunikativen Part und schnelles Denken, und Jupiter sorgt für Expansion und Überfluss. Da lauern einfach Chancen, die sich auch durch widrige Umstände nicht aufhalten lassen.

Venus, unser Liebesplanet, ist hier durch die Umarmung mit Sonne ebenfalls in die Energie von Neumond und die Spannung zu Saturn eingeschränkt. Das kann zu unterkühlten Beziehungen, Einschränkungen und Trennungen führen. Saturn, der Planet der Behörden, Einrichtungen und Institutionen, fährt allerhand Geschütze auf.

Auch Mars spricht in dieser Woche wieder ordentlich mit. Er bildet ab Dienstag, den 04.06., einen harten Spannungs-Winkel zu Pluto, dem machtvollen Transformations-Planeten. Das ist sehr aggressive Schwingung. Im Widder ist Mars sehr kampfbereit und handlungsfähig. Da ist Vorsicht geboten bei Auseinandersetzungen. Diese können dann andere Auswüchse annehmen.

Am Sonntag, den 09.06. um 05:35 Uhr, wandert dann Mars in den sinnlichen und auch behäbigen Stier.

Jetzt paart sich das Feuer der Entschlossenheit von Mars mit der erdigen Gesetztheit und Sturheit des Stiers. Da kann schon mal ein Energiestau entstehen, wenn man nicht regelmäßig für eine kluge Entladung sorgt. Da ist viel Pulver im Fass, und Pluto steht in Spannung dazu. Hier ist ein wirklich heißer Herd am Kochen. Was fängt man an mit dieser Kraft? Am besten in kluge Aktivitäten umsetzen. Das ist geballte Energie. Damit kann man viel schaffen. Aber eben auch gut aufpassen, und sich nicht zu weit aus dem Fenster lehnen. Wichtig ist, dass die Energie im Fluss ist, damit der Körper diese Power gut bewältigen kann.

Zum Schluss kann ich noch sagen, dass die Großen kosmischen Player nach wie vor gut aufeinander eingestimmt sind. Die ganzen Spannungsfelder liefern uns halt die Prüfungen, die auf irdischer Ebene zu bestehen sind.

Und damit beende ich wieder meine Wochenschau und wünsche dir viel Achtsamkeit, gute Gedanken und gutes Gelingen für all deine Vorhaben.

Wochenhoroskop vom 10.06. bis 16.06.2024

Der Spruch der Woche lautet:

> Sonne, Merkur und Venus in Zwillinge stehen unter Kontrolle von Begrenzer Saturn. Neptun sorgt für Verwirrung, und Mars kämpft weiter gegen Plutos Machtanspruch.

Auch in dieser Woche bekommen wir ordentliche Spannungen geliefert. Diese wollen erstmal gut verkraftet werden. In der letzten Woche hatte ich schon dazu gesprochen und geschrieben. Saturn, unser Hüter, Begrenzer und Kritiker, beschränkt sowohl unsere Sonne als auch Merkur und Venus massiv in ihrer Strahlkraft. In dem Zeichen Zwillinge will die Leichtigkeit gelebt werden. Ihr Wesenskern definiert sich stark über die Kommunikationsfähigkeit. Das nährt das Energiefeld der Zwillinge besonders stark, selbst wenn es nur der ganz profane Smalltalk ist. Dieses Sternzeichen stellt ein Gegensatzpaar dar, dass sich oft selbst in einer Zerrissenheit befindet. Nun treibt Saturn einen zusätzlichen Keil in alle Betätigungsfelder unserer sonst so leichten und fröhlichen Zwillinge-Geborenen.

Hier einige Entsprechungen zur Sonne in den Zwillingen.

Zwillinge beschreibt Menschen, die sich neugierig für alle möglichen Informationen interessieren. Sie sind anpassungsfähig und haben eine schnelle Auffassungsgabe. Sie sind ausgesprochen kontaktfreudig und können über eine spannende Unterhaltung leicht die Zeit vergessen.

Sie verfügen über einen natürlichen Charme und können sehr leicht mit Menschen aus allen möglichen Gesellschaftsschichten in Kontakt treten. Das stimuliert den Geist und bringt viel Abwechslung in ihr Leben. Sie können gleichzeitig vielerlei Projekte am Laufen haben, was sie auch gern mal in eine Verzettelung führt. Die Zwillinge-Seele hat in sich selbst mehrere Persönlichkeiten, die sie im Laufe ihres Lebens im besten Fall annehmen und gut koordinieren lernt.

Nun legt Saturn unserer Zwillinge-Seele heftige Beschränkungen auf. Das engt den Kern ihres Naturells stark ein. Leichtigkeit wechselt in schwere Last. Fröhlichkeit zieht um in den Sorgenturm.

Hier mal einige mögliche Erfahrungen mit dieser Saturn-Position. Und diese sind nicht nur auf das Sternzeichen Zwillinge bezogen:

Es geht um Einschränkung der Kommunikationskanäle, Medien, Kontakte, Schriftmaterialien, des öffentlichen Austauschs und auch geschäftlicher Aktivitäten. Auch körperliche Einschränkungen können sich zeigen. Wichtig ist es, auf die Atemwege Obacht zu geben. Viel frische Luft in der Natur hilft in diesen Zeiten. Auch die Transportwege können Beschränkungen unterliegen. Die Beweglichkeit auf verschiedenen Ebenen wird unterbunden. Damit werden wir auf das Thema „Respekt vor den Grenzen der Anderen" hingewiesen.

Zwillinge sind auch kreative Zeitgenossen und hier gilt es, Lösungen zu finden und gut durch diese Spannung zu navigieren. Das macht stärker und verhilft zu mehr Authentizität. Ich gebe diesem Thema deswegen so viel Aufmerksamkeit, weil auch Merkur und Venus dieselbe Spannung abbekommen. Das Denken und die Liebesfähigkeit sind ebenfalls von diesen Einschränkungen betroffen. Und in Verbindung mit Venus steht auch wieder das Thema Geld im Raum. Finanzielle Engpässe können jetzt ebenfalls auftreten.

Spätestens ab dem 13.06. wird dann ein anderer unangenehmer Spannungs-Winkel aktiviert. Jetzt beginnt Neptun, mit seinen Vernebelungstaktiken für allerlei Verwirrung zu sorgen. Auch hier sind alle drei Planeten - Sonne, Merkur und Venus - involviert. So viel Unklarheit hat man selten auf einmal im Feld. Entscheidungen sollten jetzt vielleicht erst einmal vertagt werden, bis dieser Nebel abgezogen ist. Das ist auch eine Phase, in der mit viel Lug und Trug gerechnet werden kann. Die Stimmung kann mächtig abrutschen. Jetzt braucht es viel helfende, lichtvolle Energie.

In der Mythologie ist die Entsprechung zu den Zwillingen der Schmetterling. Jetzt stelle dir Folgendes vor: Ein hübscher, kleiner Falter kommt in einen satten Regenguss. Dieser steht für Neptun. Der Schmetterling wird automatisch durch die Nässe flügellahm. Damit ist sein fröhliches Naturell abgetaucht und muss sich erstmal wieder selbst hegen und pflegen, bis seine Flügel ihn wieder tragen können. Zuvor hatte unser fröhlicher Schmetterling den schweren Rucksack von Saturn mitzuschleppen. Da konnte er nicht gut fliegen und nachträglich dann der nasse Guss, um sich erstmal herauszuziehen aus dem Geschehen.

Die gute Nachricht zu dieser Situation heißt: Es ist ein Ende in Sicht in der folgenden Woche.

Nun war das aber noch nicht das Ende der Nachrichten zu den Konstellationen der Woche.

Es gibt an anderer Front noch einen mächtigen Spannungsherd zwischen Mars, unserem Energielieferanten im erdverbundenen und praktischen Stier, und Pluto, dem tiefgreifenden Wandler und Machtplaneten im Wassermann. Da treffen zwei kampfbereite Kraftpakete aufeinander, die ihresgleichen suchen. Hier braucht es viel Achtsamkeit, um nicht zwischen die Fronten zu geraten. Mars im Stier ist bereit, für seine Besitztümer hart zu arbeiten und diese für sich zu sichern. Und wenn es sein muss, stellt er sich auch dem Kampf dafür.

Das heftige Quadrat zu Pluto im Wassermann gibt Auskunft darüber, dass ein großer Drang nach Veränderung und Befreiung aktiv ist.

Hier werden alte Strukturen durchbrochen und es kann zu echten Machtkämpfen ausarten. Werden diese Kräfte jedoch bewusst gesteuert und förderlich eingesetzt, kann man damit Großes bewegen.

Dass sich Großes abzeichnet, erkennt man auch an den Verbindungen, die unsere Großen kosmischen Player miteinander eingehen. Pluto, Neptun und Uranus stehen günstig zu Jupiter, und auch zueinander stehen die Großen kosmischen Player günstig. Damit ist das höhere energetische Feld schon für die neue Dimension unserer Weiterentwicklung bereitet. Wichtig ist, sich selbst in diesem großen Spielfeld zu orientieren und klaren Fokus zu setzen.

Und damit beende ich wieder meine Wochenschau und wünsche dir viel Achtsamkeit und viel Kraft für deine Vorhaben

Wochenhoroskop vom 17.06. bis 23.06.2024

Der Spruch der Woche lautet:

Wir haben Sommersonnenwende und Vollmond. Sonne, Merkur und Venus wandern in den fürsorglichen Krebs. Unsere Sonne ist noch geschwächt, aber die meisten schwierigen Aspekte lösen sich auf.

Unsere Sonne, der Persönlichkeitskern, wechselt am 20.06. um 22:51 Uhr in den intuitiven und familienorientierten Krebs. Und damit feiern wir auch das allseits bekannte Sommersonnenwend-Fest. Jetzt ändert sich das Energiefeld sehr gravierend.

Die Sommersonnenwende ist zum einen ein kulturelles, aber auch astronomisches und astrologisches Ereignis. In vielen verschiedenen Kulturen wird dieses Fest gefeiert.

Die Sonne steht am höchsten Punkt am Himmel und wir haben den längsten Tag und die kürzeste Nacht des Jahres.

In unseren Breiten wird die Sommersonnenwende oft mit Feuer- und Lichtritualen gefeiert. Nach altem Brauch werden in dieser Nacht die bösen Geister vertrieben und dem Sonnengott wird für seine Kraft und Wärme gehuldigt. In der Natur erwacht jetzt die Sommerzeit, die zu allerlei Partys und schönen Festivitäten einlädt.

Jetzt, da die Krebs-Zeit beginnt, wird es viel emotionaler als zuvor in der Zwillinge-Phase. Der Krebs ist mit einem ausgeprägten Instinkt für Familie und Häuslichkeit geboren. Wenn nicht wesentliche Seelenanteile dagegen arbeiten, kann er diese auch gut entfalten. Der Zeichenherrscher des Krebses ist unser Gefühlsanzeiger Mond.

Das Sicherheitsbedürfnis ist beim Krebs stark ausgeprägt und er kann intuitiv gut mit Geld umgehen. Der Bezug zu Kindern ist wichtig wie auch die Verbindung zu seinem inneren Kind. Hier findet man auch so eine typische Launenhaftigkeit wieder. Die kindliche Seele will gelebt und gezeigt werden. In der Krebs-Zeit ist es sehr förderlich, sich Zeit für seine Familie und seine Lieben zu nehmen. Und natürlich lädt die Jahreszeit auch explizit dazu ein, sich etwas Urlaub zu gönnen. Nur mal so als Empfehlung von meiner Seite.

Auch in dieser Woche wird unsere Sonne weiter von den Spannungen zu Neptun verwirrt und die Kräfte sind nicht so abrufbar, wie man sich das wünscht. Allerdings sind die anstrengenden
Lasten von Saturn nun vorbei. Das Immunsystem braucht aber weiter viel Unterstützung.

Am Montag, den 17.06., wechselt Venus um 07:20 Uhr in den Krebs sowie Merkur um 10:00 Uhr. Beide Planeten sind in einer engen Umarmung miteinander.

Somit bekommt die Qualität des Sternzeichen Krebs jetzt verstärkte Aufmerksamkeit. Der Persönlichkeitskern Sonne, die Art der Kommunikation durch Merkur und das Liebesverhalten, das von Venus repräsentiert wird, sind jetzt vollständig auf die emphatische Ebene des Krebses eingestimmt.

Ein großes Sicherheitsbedürfnis lässt Krebs-Seelen ständig nach Geborgenheit, Zugehörigkeit und Verbundenheit im eigenen Clan streben. Man möchte sich um seine Lieben kümmern und sie behüten. Manchmal führt das dann auch leicht zu einem übermäßigen Bemuttern.

Mit einer günstigen Verbindung von Venus und Merkur zum Energieplaneten Mars im Stier, will man sein Territorium nach Möglichkeit in alle Richtungen absichern und beschützen. Die Gedanken und das innere Harmoniebedürfnis sind vollständig darauf ausgerichtet, dass es allen Clanmitgliedern gut geht und sie liebevoll umsorgt sind. Günstige Mars/Venus-Verbindungen fördern das Liebesleben und hier auch den Nestbau-Instinkt.

Ab dem 22.06. bekommt Merkur einen zusätzlichen Helfer. Saturn unterstützt klares Denken und kluge Entscheidungen. Man kann sehr gute und langfristige Pläne ausarbeiten und in die Tat umsetzen. Ein Merkur im Krebs ist der typische Bauchdenker. Hier ist es besonders wichtig, seiner Intuition das nötige Vertrauen zu schenken. Das ist meisten goldrichtig.

Einen schwierigen Aspekt haben wir allerdings auch in dieser Woche noch bis zum 19.06. zu verkraften:

Die Spannung zwischen Mars im Stier und Pluto im Wassermann ist nach wie vor richtig brisant. Es ist eine aggressive Energie, die sich plötzlich entladen kann und allerhand zerstörerisches Potenzial im Köcher mitführt. Das geht auch einher mit unbeherrschten, gewalttätigen Handlungen, die eine „Alles oder Nichts"-Haltung in sich tragen. Deshalb braucht es auch in dieser Woche hier sehr viel Aufmerksamkeit und kluges Gewahrsein auf seine eigenen Handlungen sowie dem Umfeld gegenüber.

Jupiter, unser Glücksplanet in den Zwillingen, ist aber in dieser Woche noch freundlich verbunden mit Pluto, unserem machtvollen Transformationsplaneten, und ist auch noch bis zum 20.06. günstig mit Neptun aspektiert. Da kommen höheren Kräfte in das Geschehen, welche die Geschicke mit lenken.

Zu den Großen Playern lässt sich vermerken, dass hier weiterhin die kosmischen Kräfte gut aufeinander eingespielt und die Weichen auf Weiterentwicklung ausgerichtet sind.

Und damit beende ich wieder meine Wochenschau und wünsche dir eine schöne Woche und eine schöne Sommersonnenwende

Wochenhoroskop vom 24.06. bis 30.06.2024

Der Spruch der Woche lautet:

> Unsere Sonne ist weiter geschwächt. Die Gedankenkomplexe von Merkur stehen unter Druck von Pluto. Saturn geht in die Rückläufigkeit. Und Lilith, unsere Schwarze Mondgöttin, wechselt das Zeichen.

Unsere Sonne im emphatischen Krebs steht noch bis zum 27.06. in einem Spannungs-Quadrat zu Neptun, unserem Seelentieftaucher. Das schwächt nach wie vor das Immunsystem. Deshalb ist es in diesen Tagen auch sehr wichtig, seinem Körper die nötige Aufmerksamkeit zu schenken. Sollten wichtige Geschäfte oder Verträge abgeschlossen werden, ist auch hier ein zweiter, prüfender Blick von Vorteil. Mit spannungsvollen Neptun-Aspekten schleichen sich einfach unbemerkt Fehler ein, oder man hat einfach nicht die nötige Aufmerksamkeit. Bei Käufen und Verkäufen ist ebenfalls ein prüfendes Auge angebracht.

Unsere Sonne ist auch noch bis zum 27.06. in Umarmung mit Venus unterwegs. Da möchte man sich besonders seinen Lieben widmen.

Und jetzt funkt hier unser karmischer Auftrag als Gesellschaft dazwischen. Mondknoten im Widder will die Selbstdurchsetzung, Selbstführung, Selbstbestimmung und Risikobereitschaft kultivieren. Sonne im Krebs strebt aber danach, sich in ihrem Clan in Sicherheit zu begeben und alle schön umsorgt und behütet zu wissen.

Das kann jetzt zu intensiven Erfahrungen und Herausforderungen führen. Es sollen wichtige Lektionen gelernt werden. Bleibe dir selbst treu und überwinde alle Hindernisse, die sich in den Weg stellen. Auch diese Spannung steckt voller Wachstums-Chancen!

Merkur, unser Denker und Geschäftsplanet, bekommt in dieser Woche viele Verbindungen zu anderen Energieträgern. Er steht auch in dieser Woche weiter günstig zu unserem Hüter und Begrenzer Saturn in den Fischen. Das gibt klare Gedanken und Entscheidungsfähigkeit. Alles ist klug bedacht, bevor es an den Start geht.

Bis zum 26.06. wird Merkur auch noch mit vielen Impulsen von Mars, unserem Energieplaneten im Stier, unterstützt. Das verleiht einen schnellen Geist und Tatkraft. Dann wird ab dem 26.06. ein günstiger Aspekt zu Uranus im Stier aktiviert. Auch das verleiht dem Geist innovative Ideen und überraschende Eingebungen. Technische Neuheiten haben in so einer Phase gute Chancen, in die Welt gebracht zu werden. Die Spiritualität bekommt ebenfalls einen ordentlichen Anschub. Der Geist bekommt Flügel. Ab dem 29.06. beginnt dann eine erfreuliche Verbindung zu Neptun in den Fischen. Das zeigt eine große mitfühlende und mitmenschliche Phase an.

Ebenfalls am 29.06. beginnt die Spannung zwischen Merkur und Pluto. Das ist der durchdringende Geist des Erwachens. Da alle anderen Aspekte günstig zu Merkur stehen, zeigt diese Pluto-Position eine transformierende Phase an. Das Denken bekommt größere Tiefe und telepathische Ansätze. Das ist eine interessante Entwicklung, wenn es um die neue Art des Denkens geht.

Was macht unsere Liebesgöttin Venus? Sie hat ähnliche Verbindungen wie unsere Sonne. Venus steht sehr günstig zu Mars.

Das fördert das Liebeswerben sowie das gute Verständnis zwischen den Geschlechtern. Es ist auch eine zeugungsstarke Zeit. Zu Saturn steht Venus ab dem 27.06. sehr günstig positioniert. Da kann man in Liebes- und Geldangelegenheiten Nägel mit Köpfen machen. Vertragsabschlüsse haben gute Chancen auf Erfolg.

Unser Hüter und Begrenzer Saturn wird nun in dieser Woche am Samstag, den 29.06. um 20:06 Uhr, wieder für die kommenden 5 Monate rückläufig. In dieser Phase werden die strengen Grundprinzipien von Pflichterfüllung, Verantwortung, Disziplin und Kontrolle in vielerlei Hinsicht nochmal verstärkt. Zu Saturn gehört immer der gesamte Bereich der Behörden, Institutionen und staatlich geführten Einrichtungen. Da ist es immer ratsam, sich nicht mit den genannten Institutionen anzulegen. Meist wird es dann erst richtig anstrengend.

Und jetzt haben wir noch einen wichtigen Wechsel in dieser Woche:

Lilith, die Schwarze Mondgöttin, wechselt am 29.06. um 10:20 Uhr in das Sternzeichen Waage. Das wird eine spannende Zeit für alle Beziehungen.

Im Allgemeinen wird Lilith als eine weibliche, unbändige Kraft betrachtet. Sie repräsentiert Mut und Unabhängigkeit und steht für die dunkle weibliche Kraft. Gerade die selbstbestimmte Sexualität und Selbstführung spielen hier eine wichtige Rolle. Lilith fordert dazu auf, seine eigene Macht anzuerkennen und zu leben.

Lilith im Zeichen der Waage sagt nun etwas aus über die Art und den Umgang, den wir als Gesellschaft in unseren Beziehungen leben werden.

Man könnte diese Lilith in der Waage auch als Sinnbild für magische Beziehungen ansehen. Das Verborgene und Dunkle kann sich in den Partnerschaften zum Ausdruck bringen. Es können sich die sexuellen und emotionalen Bedürfnisse einer Person auf unkonventionelle Weise zeigen, die traditionelle Normen und Erwartungen in Beziehungen infrage stellen. Es zeigen sich intensive Leidenschaften und die Tendenz, Machtkämpfe oder ein Ungleichgewicht in Partnerschaften hervorzurufen.

In dieser Phase der Lilith in der Waage können sich völlig neue und andere Beziehungsmodelle entwickeln.

Eine interessante Woche erwartet uns wieder. Und damit beende ich jetzt hier meine Wochenschau und wünsche dir viel Erfolg für all deine Vorhaben.

Wochenhoroskop vom 01.07. bis 07.07.2024

Der Spruch der Woche lautet:

> Wir bekommen wieder einen Neumond. Merkur wechselt das Zeichen und wird weiter von Pluto beeinflusst. Mars und Uranus vereinen sich und Neptun wird rückläufig.

In dieser Woche bekommen wir am 05.07. um 23.55 Uhr einen Neumond im empathischen, fürsorglichen Krebs. Wie wunderbar.

Es ist eine Zeit, sich auf sich selbst und die persönlichen Beziehungen zu konzentrieren. Man kann diese Phase nutzen, um jetzt tief in die eigenen Gefühle einzutauchen und sich mit den Lieben zu verbinden.

Es geht auch um das eigene Sicherheitsbedürfnis und die Zugehörigkeit, um das eigene innere Kind und die eigenen Bedürfnisse. Es kann uns die eigene Verletzlichkeit vor Augen führen und zu unkontrollierten Emotionen verleiten. Aber auch launische Phasen darf es mal geben, besonders in der Krebs-Zeit. Wichtig ist halt auch, dass man sein eigenes Maß im Auge behält.

Aber dafür sorgt dann auch unser Hüter und Begrenzer Saturn, der zu Sonne und Mond eine sehr günstige Position einnimmt. Da bekommt man richtig klare innere Impulse, die dem ganzen Clan von Nutzen sind.

Zum Neumond noch eine Ergänzung: Auch unser Revoluzzer Uranus steht weiter zu Sonne - und damit auch zu Mond - in günstigem Winkel. Das liefert viele innovative und überraschende Neuerungen. Darum geht es schlussendlich auch in einer Neumond-Phase. Etwas Neues will sich wieder Raum verschaffen. Deshalb können neue Projekte auch auf sehr gute Erfolge verweisen. Empfehlenswert wären dann die Bereiche, die mit Umsorgen, Versorgen oder Absichern zu tun haben. Auch alle Bereiche, die mit Kindern, Familie, Haus oder Grund und Boden bewirtschaften, zu tun haben.

Merkur, der unser Denken und die Art der Kommunikation symbolisiert, wandert am Dienstag, den 02.07. um 13:50 Uhr, in den stolzen und majestätischen Löwen.

Mit Merkur im Löwen ist das Denken selbstbewusst und kreativ. Die Überzeugung von sich und der Richtigkeit der eigenen Gedanken-Konstrukte ist sehr deutlich zu erkennen. Diese Merkur-Position eignet sich hervorragend für nüchterne Analysen, die aus einer klugen Beobachtungsgabe resultieren.

Nicht selten verliert sich hier aber das Denken auch in der Vorstellung seiner eigenen Großartigkeit, und das Verhalten kann in Arroganz und geistiger Überheblichkeit ausarten.

Jetzt steht Merkur im Löwen weiter in Opposition zu Pluto im Wassermann. Damit sind Konflikte und Schwierigkeiten im gemeinsamen Austausch im Feld. Es fällt schwer, Kompromisse für zielführende Entscheidungen zu finden. Die Positionen können verhärtet sein, weil sich ein Löwe-Merkur in seiner herrschaftlichen Präsenz angegriffen fühlt. Die Individualität ist sein Markenzeichen von Merkur im Löwen. Diese wird von Pluto jetzt zur Transformation zwingend herausgefordert. Umdenken oder neu denken ist das Zauberwort in diesem Prozess.

Neptun steht dazu noch die gesamte Woche günstig, und ab Donnerstag unterstützt auch Jupiter den neuen Denkprozess mit vielen erfreulichen Ideen und Impulsen. Damit lassen sich die besonderen Eigenschaften des Löwe-Merkur konstruktiv für neue Ideen und Projekte nutzen. Merkur im Löwen liebt Spiel, Spaß und Freude und kann besonders gut mit jungen Leuten. Da kann Jupiter in Zwillinge sein ganzes Programm ausfahren, um dem Anspruch einer Löwe-Kraft gerecht zu werden.

Venus, unser Liebesplanet im Krebs, steht besonders freundlich aspektiert in dieser Woche zu Mars und zu Saturn, ab dem 03.07. zu Uranus und ab dem Wochenende auch zu Neptun. Alle Aspekte verhelfen zu sehr erfreulichen Erfahrungen in alles Liebesangelegenheiten und auch Erfolg in Geldgeschäften. Unerwartete Überraschungen sind mit Uranus möglich. Saturn sorgt für gute Planung und verantwortungsvollen Umgang in jeder Hinsicht, und Neptun behält die Mitmenschlichkeit im Auge. Alles sehr schöne Energien für Venus.

Mars, unser Energieplanet, wird noch weiter von Saturn in klare Bahnen gelenkt. So wird die Energie wie ein Laserstrahl auf das Wesentliche gerichtet, und damit sind große Erfolge möglich.

Nun bekommen wir auch einen spannenden Aspekt: Mars im Stier wandert mit großen Schritten auf Uranus, unseren Revoluzzer und Überraschungsplaneten, zu, um in der nächsten Woche dann die Umarmung zu vollziehen. Das kann eine explosive Kraftentfaltung mit sich bringen.

Eine Mars/Uranus-Konjunktion bringt eine Mischung aus Energie, Freiheitsdrang und impulsivem Verhalten mit sich. Der Drang zu Veränderungen und Abenteuern ist enorm groß. Die Risikobereitschaft wächst. Das ist jetzt erstmal weder gut noch schlecht. Hier kommt es auf die persönliche Veranlagung an. In günstigem Fall ist man bereit, endlich den eigenen Weg zu gehen, um neue Erfahrungen zu machen. Für bestehende Probleme können hoch-kreative Lösungen gefunden werden. Der technische Fortschritt liefert interessante neue Möglichkeiten. Die impulsive Kraft muss gut gehändelt werden. Konflikte könnten schneller eskalieren, und unvorhersehbare Ereignisse könnten auftreten.

Da Saturn günstig platziert ist, können wir hier die Energie sehr gut fokussieren und verantwortungsvoll einsetzen. Damit sind bahnbrechende Erfolge möglich.

Eines möchte ich noch erwähnen: Unser Seelentieftaucher Neptun wird in dieser Woche ab dem 02.07. um 11:40 Uhr wieder für die kommenden 5 Monate rückläufig.

Das kann zu innerer Nervosität und großer Verunsicherung führen.

Man könnte die Wahrheit einfach ignorieren und lieber durch die rosarote Brille schauen wollen. Wenn man vorhat, eine Entwöhnung von Süchten oder schlechten Angewohnheiten anzugehen, dann ist diese Phase ein schlechter Zeitpunkt dafür. Es ist sehr wichtig, sich immer wieder seine eigenen wesentlichen Themen vor Augen zu führen. Diese Neptun-Position vernebelt gern die Tatsachen.

Also alles in allem ist sehr viel Kraft in Bewegung für große Möglichkeiten. Man muss sich nur klar sein, wo es hingehen soll und dranbleiben.

Und damit beende ich wieder meine Wochenschau und wünsche dir einen schönen Neumondtag und viel Erfolg für diese Woche.

Wochenhoroskop vom 08.07. bis 14.07.2024

Der Spruch der Woche lautet:

> Unsere Sonne bekommt nun wieder viel Unterstützung. Venus wandert in den majestätischen Löwen. Uranus und Mars verbinden sich in enger Umarmung. Es beginnt ein großer Langzeit-Aspekt zwischen Uranus und Pluto.

Unsere Sonne im empathischen Krebs wird in dieser Woche von Mars im Stier, vom rückläufigen Saturn in den Fischen und auch von Uranus im Stier mit vielen günstigen Impulsen unterstützt. Im Krebs geht es immer um alle Themen der Familie, der Zugehörigkeit, der Geborgenheit, Fürsorglichkeit, Häuslichkeit, um Kinder und auch um das eigene innere Kind. Hier können innovative Impulse das persönliche und gemeinschaftliche Leben überraschend neu beleben und erfreuliche, vorteilhafte Veränderungen mitbringen.

Merkur, unser lernfähiger Denker und Kommunikationsplanet, gibt uns die Fähigkeit, Informationen zu verarbeiten und zu verstehen, um diese weiterzuvermitteln zu können. Mit Jupiter, unserem Glücksplaneten, im günstigen Winkel wird diese Merkur-Fähigkeit erweitert. Eine erfreuliche, optimistische Geisteshaltung verhilft zu verschiedenen bewusstseinserweiternden Erfahrungen. Das öffnet den Geist für allerhand neue Ideen. Die Lernfähigkeit erhöht sich, was auch wissenschaftlichen Fortschritt begünstigt. Neue, innovative Lebenskonzepte beflügeln den Geist.

Besonders begünstigt sind die Bereiche Bildung, Kommunikation, Schreiben, Journalismus, Marketing oder Verkauf. Hier zeichnen sich spannende Entfaltungsmöglichkeiten ab. Die Welt will neu erkundet werden.

Venus, unser Liebesplanet, wandert am 11.07. um 17:19 Uhr in den majestätischen Löwen.

Venus steht für unsere romantischen Beziehungen, für unser Wertebewusstsein und unser Bedürfnis nach Harmonie. Im Löwen zeigt sich Venus leidenschaftlich, charismatisch und selbstbewusst. Jetzt brauch man mehr Aufmerksamkeit und es ist eine gute Zeit sich zu präsentieren. Jetzt werden die schönen Künste besonders gefördert. Venus im Löwen ist großzügig, romantisch und auch treu. Sie braucht zwar allerhand Bewunderung, aber ihr Angebeteter ist ihr am allerwichtigsten.

Venus ist stolz und ehrenhaft im Löwen, sie liebt Luxus, will sich zeigen und ihren Liebsten präsentieren können. Wertschätzung ist in dieser Venus-Zeit sehr angesagt.

Die günstige Position zwischen Venus und Mars aus der letzten Woche begleitet uns noch bis zum 11.07. Damit sind das männliche und weibliche Prinzip sehr gut aufeinander eingestimmt. Und der günstige Winkel zu Uranus bleibt auch noch bis zum 13.07. bestehen. All diese Aspekte bringen eine wunderschöne Zeit, um sich zu verlieben oder in bestehenden Partnerschaften seine Liebe neu zu entfachen. Neptun trägt ebenfalls zu traumhaften Liebeserfahrungen bei.

Pluto im Wassermann in Opposition zu Venus kann allerdings die Leidenschaft hier mächtig zum Kochen bringen, wenn sich Eifersucht einmischt oder Besitzansprüche angemeldet werden. Dann kann es auch zu dramatischen Auftritten kommen, denn eine Venus im Löwen weiß, was sie wert ist. Wenn dieser Aspekt im Auge behalten wird und Anzeichen schnell erkannt werden, kann man eine herrliche Zeit in der Liebe erleben und sich vollständig aufeinander einschwören.

Und jetzt beginnt auch die immer enger werdende Umarmung von Mars und Uranus im Stier. Gradgenau ist sie dann am Sonntag, den 14.07. Das kann eine Zeit des Umbruchs und der rapiden Veränderung ankündigen. Oft geht das schneller als man sich denken kann. Beide Planeten sind voller Impulsivität. Aber auch in dieser Woche steht Saturn - und ab 12.07. auch Neptun - sehr gut positioniert, um die Energien wie ein Laserstrahl in die gottgewollte Richtung zu lenken. So würde Neptun das erklären. Wichtig ist, dass man weiß, was man will. Dann ist viel möglich.

Und jetzt komme ich zu dem Aspekt, der uns nun für eine lange Zeit in Abständen immer wieder beschäftigen wird:

Wir bekommen einen sehr positiven Aspekt zwischen Uranus, dem Revoluzzer, und Pluto, dem Transformierer.

Uranus und Pluto haftet etwas Furchteinflößendes an. Beide Planeten bringen Unruhe, Revolution, Begegnung mit Schattenthemen und ganz allgemein eher schwierige Erfahrungen in das Leben.

Uranus revolutioniert und Pluto transformiert. Es hat etwas so Endgültiges in sich.

In der Mythologie ist Uranus der Großvater von Pluto. Uranus, als der Herrscher des Himmels, steht jetzt seinem Enkel, dem Herrscher der Unterwelt, wohlgesonnen zur Seite.

Damit arbeiten die Schwergewichte der großen energetischen Entwicklung förderlich zusammen. Das wirkt sich stark auf das gesellschaftliche Leben aus. Beide Planeten werden auch als Global Player oder Gesellschaftsplaneten bezeichnet. Jetzt stehen sie erstmal für die kommenden 4 Monate in diesem günstigen Winkel zueinander. Das letzte Mal hatten wir ein Uranus-Trigon zu Pluto zwischen 1920 und 23. Das ist 100 Jahre her.

Uranus steht für Innovation, Individualität und Veränderung, Pluto für Transformation, Macht und Intensität.

Es macht sich ein starkes Bedürfnis nach Veränderung und Erneuerung breit. Das bringt großen visionären Ideenreichtum mit und die Fähigkeit, neue Wege zu gehen und alte Strukturen zu überwinden.

Beruflich und geschäftlich können wir jetzt mit bahnbrechenden Innovationen rechnen. Es entwickeln sich neue Führungspersönlichkeiten mit neuem Führungsstil. In der Liebe können sich leidenschaftliche und intensive Beziehungen ergeben.

Das Unternehmertum wird revolutioniert und kann großartige Erneuerungen bringen. Der Dienstleistungsbereich verändert sich zum Wohle einer besseren Versorgung auf humanitärer Basis.

Die Spiritualität nimmt neue, größere Dimension an, und der Weg der Selbstverwirklichung ist selbstverständlich. Neue geistige Führungspersönlichkeiten zeigen sich. Im politischen Bereich kann jetzt auch ein radikaler Wandel in die Wege geleitet werden, der das gesellschaftliche Gefüge neu strukturiert.

Diese Pluto/Uranus-Verbindung wird uns bis 2030 immer wieder in Abständen begegnen.

Und damit beende ich wieder meine Wochenschau und wünsche dir eine erfolgreiche und schöne Woche, und wo du kannst, nutze die schöne Venus-Phase.

Wochenhoroskop vom 15.07. bis 21.07.2024

Der Spruch der Woche lautet:

> Wir bekommen einen Vollmond im Krebs. Sonne wird von Pluto unter Druck gesetzt. In der Liebe ist Leidenschaft angesagt und Mars wechselt in die Zwillinge.

In der gesamten kommenden Woche entwickeln sich die Kräfte hin zum Vollmond am Sonntag, den 21.07. um 11:15 Uhr, im intuitiven, gefühlsbetonten Krebs. Dieser Vollmond wird angefüllt mit magischen Pluto-Energien.

Grundsätzlich haben wir noch viele, sehr schöne Kraftschübe aus der letzten Woche im Feld. Damit meine ich besonders die Verbindung der Planeten Mars, Saturn, Uranus und Neptun zu unserer Krebs-Sonne. Die Informationen, welche ich dazu in der letzten Woche bereits gegeben habe, behalten soweit ihre Gültigkeit. Es sind weiter innovative Impulse von Uranus zu erwarten, die mit starken Kraftschüben von Mars nach Umsetzung verlangen. Mit Neptun ist viel Seelentiefe mit im Spiel, und mithilfe von Saturn kann man noch bis zum 18.07. Pläne verantwortungsbewusst und mit viel Fokus in die Realität umsetzen.

Nun bekommen wir ab Mittwoch, dem 17.07., einen herausfordernden Spannungs-Winkel zwischen Sonne im Krebs und Pluto im innovativen Wassermann. Das kann leicht zu Konflikten führen. Krebs ist sehr gefühlsbetont, familienorientiert und heimatverbunden. Pluto transformiert alles, und im Wassermann betrifft es die natürliche Individualität und auch besonders den technischen Fortschritt. Bei einer direkten Opposition kann man sich in seinen emotionalen Bedürfnissen und fortschrittlichen Zielen hin- und hergerissen fühlen. Es kann seelische Ängste und Unsicherheit an die Oberfläche spülen. Pluto steht für Macht. Und somit kann man sich selbst ermächtigen und für seine Wünsche einstehen, auch wenn es anderen nicht passt.

Es ist eine Umbruchs- und Transformations-Phase. Es geht immer mehr darum, der eigenen Bestimmung zu folgen. Und genau am Tag des Vollmondes - am Sonntag, 21.07. - ist diese Energie am stärksten ausgeprägt.

Wenn man es weiß, kann man sich vorbereiten und die Stimmungsschwankungen abfangen.

Merkur, unser Denker und Planer im Löwen, steht ab dem 17.07. in einem Spannungs-Quadrat zu Mars im gemütlichen Stier. Der Wunsch, sich kommunikativ der Welt zu präsentieren, trifft auf einen bodenständigen Energie-Planeten, der in erster Linie seine Bedürfnisse im Auge hat. Das kann leicht einen Energiestau produzieren. Auch Streitigkeiten und Frustration können sich einstellen, die zu harten Wortgefechten ausarten können. Es kann sich aber auch in Form von Halsschmerzen und Stimmproblemen äußern, wenn man sich kein Gehör verschaffen kann.

Kompromisse zu finden ist jetzt keine leichte Übung, denn Merkur steht ja gleichzeitig in Spannung zu Uranus im Stier. Die Logik von Merkur trifft auf die revolutionären, unerwarteten Veränderungsimpulse von Uranus. Das beansprucht das Nervenkostüm nochmal richtig stark. Neue innovative Ideen können die bisherigen Überzeugungen glatt über den Haufen werfen, was zu innerem Widerstand aufruft. Missverständnisse wollen geklärt werden. Wenn man es klug angeht, können völlig neue Lösungen für bisher strittige Themen gefunden werden. Neue

Denkmodelle wollen sich etablieren. Dafür braucht es Kompromissbereitschaft.

Venus, unser Liebesplanet im Löwen, bekommt einige schöne Aspekte von Jupiter in den Zwillingen, von Neptun und auch von Mondknoten in Widder. Das stärkt die herzliche Ader der Löwe-Venus.

Sie steht aber auch noch bis zum 18.07. in Opposition zu Pluto im Wassermann.

Das verursacht emotionale Spannungen, die mit Eifersuchtsdramen und Machtkämpfen einhergehen können. Die eigenen Bedürfnisse wollen ihren Raum beanspruchen, auch wenn die Erwartungen anderer dagegenstehen. Gerade in engen Beziehungen können Konflikte entstehen, die das Vertrauen erschüttern. Geld und Besitz kann ein Machtmittel darstellen, um Abhängigkeiten zu provozieren. Auch im beruflichen Bereich kann es sich auswirken. Verträge, die an bestimmte Bedingungen gebunden sind, sollte man genau überprüfen.

Dafür kann Jupiter, unser Glücksplanet, allerhand Spannung aus dem Geschehen entfernen und für glückliche Momente sorgen.

Am Samstag, den 20.07. um 21:43 Uhr, wandert Mars, unser Energieplanet, in die aufgeregten Zwillinge und bleibt für die nächsten 6 Wochen in diesem Zeichen. Jetzt beginnt eine bewegliche Zeit. Mars muss sich körperlich ausdrücken und braucht viel Aktivität. In den Zwillingen beflügelt das den logischen Verstand ungemein. Die Kommunikations- und Lernfähigkeit ist deutlich erhöht. Jetzt kann man allerhand neue Menschen kennenlernen. Die Kontaktbörsen könnten jetzt Hochsaison erleben. Auch die Kreativität ist deutlich gesteigert. Alle Berufe, die mit der Vermittlung von Wissen, mit Schreiben, Kommunizieren, Kauf und Verkauf oder Beratungstätigkeit zu tun haben, sind jetzt besonders begünstigt.

Das kann allerdings auch eine mächtige Unruhe und Rastlosigkeit mit sich bringen. Mars steht noch mit Uranus in einer Umarmung. Es ist allerhand Bewegung im Feld. Es kommt so schnell so viel Neues. Das muss erstmal verarbeitet werden.

Die Planeten Neptun und Pluto unterstützen Mars auf seinem Weg in den Zwillingen. Neptun sorgt für Seelentiefe, mitmenschliche Anbindung und Pluto führt in die tiefenpsychologischen Ebenen, damit der Prozess vollständig bewältigt werden kann.

Damit kann die latent vorhandene oberflächliche Veranlagung in den Zwillingen doch gute Wurzeln schlagen. So haben neue Prozesse gute Chancen auf Erfolg.

Und damit beende ich wieder meine Wochenschau und wünsche dir eine inspirierende und erfolgreiche neue Woche im Sommermonat Juli.

Wochenhoroskop vom 22.07. bis 28.07.2024

Der Spruch der Woche lautet:

Unsere Sonne wechselt in den Löwen und steht noch unter Spannung von Pluto. Das Denken wird kontrollierter, wenn Merkur in die Jungfrau wandert, und Saturn begrenzt das Jupiter-Glück.

Die Sonne, unser Persönlichkeitskern, wandert gleich am Montag, den 22.07. um 08:44 Uhr, in ihr Herrschaftszeichen Löwe. Die Energie verändert sich deutlich. Jetzt kommen die Lebenskraft, das Selbstbewusstsein und eine große Kreativität besonders stark zum Ausdruck. In diesem Jahr wirkt diese Phase noch stärker, da wir uns ja im Sonne-Jahr 2024 befinden.

Es ist eine herzerwärmende Energie wirksam, die mit großzügigen Gesten und herrschaftlichem Auftreten sofort jeden Raum mit Licht flutet. Mit Löwe-Sonne kann man zielstrebig und ehrgeizig ans Werk gehen und bekommt schnell Gefolgschaft.

In der Löwe-Zeit gibt es immer wieder gute Gelegenheiten, um sich in Szene zu setzen und den eigenen gesellschaftlichen Auftritt zu zelebrieren. Löwen sind grundsätzlich loyal und ehrenhaft. Ein Löwe weiß schließlich, was er wert ist.

Löwen haben schauspielerische Talente, weshalb sie häufig auf Bühnen zu finden sind. Man findet viele Künstler, Führungskräfte oder Unternehmer unter den Löwen. Die Liebe spielt jetzt eine große Rolle. Die schönen Aspekte, die wir letzte

Woche bereits erlebt haben, sind auch jetzt weiter aktiv. Mars, Uranus und Neptun stehen sehr positiv. Man kann die Liebe genießen.

Unsere Sonne steht jetzt im Löwen auch in Spannung zu Pluto im Wassermann. Das beinhaltet Konfliktstoff und fordert zu Veränderung auf. Letzte Woche hatten wir diesen Aspekt auch schon. Nur war da die Sonne noch im Wasserzeichen Krebs. Damit sind die Herausforderungen stark emotionaler Natur gewesen. Jetzt ist die Energie feurig und die Individualität will sich Raum verschaffen. Pluto im Wassermann leistet Transformations- und Erneuerungsarbeit in allen Gruppen, Gemeinschaften, Organisationen und auch Freundschaften. Jetzt können einige Überzeugungen ausgedient haben. Die neue Zeit wirft diese über Bord. Beziehungen können sich komplett verändern und erreichen damit eine höhere Ebene. Dazu muss man seine Komfortzone verlassen. Vielleicht muss man seine Ziele nochmal genauer prüfen, weil neue Lebenssituationen zum Umdenken zwingen.

Merkur, unser Denker, Planer und Geschäftsplanet, wandert am 25.07. um 23:47 Uhr in sein Herrschaftszeichen Jungfrau. Hier verstärkt sich die Wirksamkeit von Merkur nochmal um ein Vielfaches. Die Spannungen zu Mars, unserem Energieplaneten, und Uranus, dem Revoluzzer, bleiben weiter bestehen. Nur die Art der Kommunikation und die Art des Denkens verändern sich jetzt deutlich.

Im Erdzeichen denkt Merkur praktisch, ist besonders genau und planmäßig ausgerichtet. Mit scharfem Verstand entgeht einem Jungfrau-Merkur kaum ein Fehler. Das macht ihn mächtig kritisch. Der Perfektionsanspruch ist sehr hoch. Die aktuelle Spannung zu Mars in Zwillinge verführt zu überkritischem Verhalten und Streitsucht, die in Rechthaberei ausarten kann. Im Grunde hat ein Jungfrau-Merkur meistens recht. Die Frage ist halt nur, wie kommuniziere ich das. Mit Uranus in Spannung zu Merkur kann man plötzlich und unerwartet ausfällig werden im verbalen Ausdruck.

Man kann allerdings mit einem Merkur in der Jungfrau sehr gute wissenschaftliche Erkenntnisse zutage fördern. Man kann sich beim Studium der Ernährung, der Medizin, der Heilung und des Ingenieurwesens besonders hervortun.

Unser Liebesplanet Venus im stolzen Löwen wird besonders günstig von Jupiter in Zwillinge bestrahlt. Das ist eine schöne Zeit, sich der Liebe und dem fröhlichen Miteinander zu widmen. Es ist eine leichte und beschwingte Zeit, in der man sehr gut neue Kontakte knüpfen kann. Die Flirtlaune ist groß, und es ist vielleicht auch genau der/die Richtige dabei.

Jupiter in den Zwillingen und Saturn in den Fischen bilden ab dem 23.07. ein Spannungs-Quadrat zueinander. Das kann die Fröhlichkeit der Zwillinge-Energie mächtig bremsen. Jupiter, unser Glücksplanet, der für Wachstum und Expansion bekannt ist, bekommt von Saturn klare Grenzen gesetzt. Es wird Verantwortung und Disziplin abverlangt. Überzeugungen können aufeinanderprallen, die schwierig zusammenzubringen sind. Verpflichtungen können einem wie ein Klotz am Bein hängen. Aber es hilft nichts. Mit Saturn als strengen Lehrer ist die Aufgabe gesetzt. Wenn es auch anstrengend sein mag - das Ergebnis entschädigt nachträglich für den Aufwand.

Auf gesellschaftlicher Ebene kann es zu Einschränkungen oder Engpässen kommen. In vielerlei Hinsicht wird Pflichtbewusstsein abgefordert. Der Realitätscheck holt jeden wieder auf den Boden der Tatsachen. Aber diese sind dann auch wirklich greifbar. Vielleicht betrachtet man die Erfahrungen dann auch nochmal aus einer ganz neuen Perspektive.

Und damit beende ich wieder meine Wochenschau und wünsche dir eine erfolgreiche Woche und einen super Start in die strahlende Löwe-Zeit.

Wochenhoroskop vom 29.07. bis 04.08.2024

Der Spruch der Woche lautet:

> Wir bekommen einen Neumond im Löwen. Unsere Sonne wird richtig verwöhnt. Merkur, unser Denker, steht unter Hochspannung. In der Liebe wird es richtig aufregend. Der Energiepegel steigt mit Mars ordentlich an.

Unsere Sonne im majestätischen Löwen steht zu Mars, Jupiter und Mondknoten sehr vielversprechend. Die Energie ist sehr hoch. Alles bewegt sich in dieser Woche in Richtung Neumond im Löwen am Sonntag, den 04.08.

Wenn ab Dienstag, dem 30.07., ein wunderschöner, förderlicher Winkel unserer Sonne im Löwen zu Jupiter in den Zwillingen entsteht, ist sehr viel mehr an erfreulichen Entwicklungen im Feld als zu anderen Zeiten.

Mit großem Selbstbewusstsein und kreativem Potenzial können jetzt neue Erkenntnisse erlangt werden über die eigene Identität. Mit den dadurch erkannten Fähigkeiten ist es sehr gut möglich, seine Bedürfnisse eigenständig und aktiv zu erfüllen. Jupiter trägt das Erfolgsprinzip schon in sich. Der Glaube versetzt Berge, könnte man auch sagen. Es ist eine große Lernbereitschaft zu spüren, da die Zeichen auf Grün stehen, um mit Erweiterung der eigenen Kenntnisse selbst seinen Erfolg zu produzieren. Das bringt eine Menge Optimismus und Zuversicht in das persönliche Leben.

Der Horizont wird allein durch eine kreative Neugier im persönlichen, aber auch weiteren Umfeld vielfältig erweitert. Das begünstigt das künstlerische Schaffen in vielerlei Form. Neue Projekte oder neue Unternehmen haben ausgezeichnete Erfolgschancen. Allerdings muss da auch genau auf das persönliche Horoskop geschaut werden.

Zu all den schönen Energien steht auch Mondknoten sehr günstig. Damit sind die genialen Impulse sehr gut vereinbar mit den momentan gemeinschaftlichen Erfordernissen. Das bringt großen Fortschritt auf gesamtgesellschaftlichem Gebiet. Selbstbewusste, selbstermächtigte, selbstbestimmte und fortschrittsorientierte Menschen stärken das gemeinschaftliche Gefüge in besonders vorteilhafter Weise. Es zeichnet sich ein starker Neubeginn in verschiedenster Hinsicht ab, der einen sozial-politischen Wandel mit sich bringen kann.

Und nun bekommen wir unter diesen genannten Vorzeichen am 04.08. um 12:08 Uhr den angekündigten Neumond im Löwen. Das unterstreicht das Gesagte. Es ist Zeit für einen wunderbaren Neuanfang mit ausgezeichneten Vorzeichen. Es ist wichtig, sich genau klar darüber zu sein, was deine Einzigartigkeit ausmacht. Genau das will jetzt seinen Anfang nehmen.

Es ist auch eine gute Zeit, sich vielen schönen Dingen zu widmen, sich viel Spiel, Spaß und Freude zu gönnen. Auch eine gute und klare Zielplanung hat richtig Potenzial für Erfolg. Durch die momentan schwungvolle Leichtigkeit können sich unglaubliche Ereignisse manifestieren. Du musst nur klar formulieren, was denn in dein Leben kommen mag.

Wir haben aber auch noch die spannungsreichen Verbindungen zwischen Merkur, unserem Denker, Planer und Geschäftemacher in Jungfrau, und den Planeten Mars und Uranus. Zu

Uranus ist das Quadrat bis zum 01.08. aktiv. Der praktisch denkende Merkur wird von Mars und Uranus mächtig in Unruhe versetzt. Die Informationen aus der letzten Woche dazu bleiben aktuell. Gespräche und Diskussionen können nach wie vor noch in Streitereien ausarten.

Venus im Löwen steht ab dieser Woche in Spannung zu unserem Revoluzzer Uranus im Stier.

Jetzt wird es auch in der Liebe und in den Wertvorstellungen nochmal richtig aufregend. Durch so einige Innovationen sind nicht vorhersehbaren Veränderungen aktiviert, die zu Verunsicherungen führen können. Alt bewährte Vorstellungen, was Liebe und Geld betrifft, können ordentlich durcheinander gewürfelt werden. Es ist auch gut möglich, dass sich Trennungen in bisher stabil geglaubten Beziehungen ereignen. Plötzlich hat ein Part seine Identität erkannt und will sich selbst verwirklichen. Es braucht einige Toleranz in solchen Zeiten. In Sachen Geld kann sich die Art und Weise, wie dieses erwirtschaftet wird, völlig neugestalten. Börsenspekulationen und andere Geldgeschäfte gewinnen mehr an Interesse.

Mars, unser Energieplanet in den Zwillingen, liefert viele aufregende Ideen. Ab dem 02.08. beginnt eine Umarmung von Mars und Jupiter in den quirligen Zwillingen. Mit Jupiter im Bunde werden große Wünsche und Ziele anvisiert, die mit Willensstärke von Mars in die Umsetzung kommen wollen. Das Selbstvertrauen wächst und man will die eigenen Grenzen ausweiten. Es ist eine gute Zeit, durch innovative Neuerungen den gesellschaftlichen Fortschritt voranzubringen. Die Bereitschaft, Veränderungen zuzulassen, ist jetzt größer als zuvor. Das aktiviert die Karrierechancen, die sich besonders auch auf kleineren und größeren

Reisen ergeben können. Diese Konstellation begünstigt viele neue Kontakte, Verbindungen und Beziehungen.

Es können sich neue Entwicklungen auf wissenschaftlich-technischem und politisch-sozialen Gebieten ergeben.

Was ich allerdings noch erwähnen möchte, ist die Tatsache, dass Saturn, unser Hüter und Begrenzer in den Fischen, weiter spannungsreich zu Jupiter positioniert steht. Die vielen schönen Möglichkeiten, die ich beschrieben, haben, will Saturn trotzdem immer wieder dem üblichen Realitätscheck unterziehen. Deshalb kann es manchmal auch immer noch anstrengend bleiben, die innovativen Ansätze auch zu verwirklichen. Dazu braucht es dann trotz der leichten Grundstimmung allerhand Bodenständigkeit und Verantwortungsbewusstsein.

Und damit beende ich wieder meine Wochenschau und wünsche dir viele erfreuliche Momente und kluge Entscheidungen.

Wochenhoroskop vom 05.08. bis 11.08.2024

Der Spruch der Woche lautet:

Sonne im Löwen steht mit Mars und Jupiter in Zwillinge weiter im vollen Rampenlicht. Merkur wird rückläufig und bekommt Aufregung. Venus wandert in die Jungfrau und Mars wird von Saturn ausgebremst.

Unsere wunderbare Sonne im strahlenden und majestätischen Löwen steht nach wie vor sehr vorteilhaft zu Mars und Jupiter in den Zwillingen positioniert. Die fröhlichen, hoffnungsvollen, kreativen Impulse fliegen uns auch in dieser Woche nur so zu. Mit viel Selbstvertrauen, Selbstbewusstsein und allerhand Risikobereitschaft kann man auch in dieser Woche richtig viel angreifen und in die Tat umsetzen. Neue Projekte spielen auch in dieser Woche eine wesentliche Rolle.

Jetzt ist es aber wichtig, diese erstmal nur als Vision zu entwickeln, denn wir bekommen ja noch den rückläufigen Merkur. In der letzten Woche habe ich schon ausführlicher über die schönen Kraftfelder unserer Sonne berichtet. Diese Informationen bleiben weiter aktuell.

Merkur wird in der Jungfrau gleich am Montag, den 05.08. um 05:55 in der Früh, wieder einmal rückläufig. Da klingeln bei vielen, die sich damit etwas auskennen, gleich die Ohren. Jetzt ist wieder mehr Achtsamkeit nötig, wenn es um die Themen Kommunikation, Terminvereinbarungen, Geschäftsabschlüssen und bindende Unterschriften geht.

In der Jungfrau geht es immer um logische Zusammenhänge, praktisches Verständnis, Analysefähigkeit und oft auch um peinliche Genauigkeit. In genau den Bereichen kann jetzt immer wieder der Fehlerteufel Einzug halten. Da kommt es eben gern zu Missverständnissen, Ungenauigkeiten, Verspätungen bis hin zu Betrügereien. Also braucht es jetzt wesentlich mehr Aufmerksamkeit in all diesen Bereichen. Wenn es um Abrechnungen, Steuererklärungen oder wichtige Entscheidungen geht, ist es gut, eventuell diese Phase erstmal abzuwarten. Ist aber nur ein Tipp von meiner Seite.

Oft kann es auch in dieser Zeit verschiedene technische Herausforderungen geben oder es lassen bestellte Lieferungen länger auf sich warten. Gegenstände sind nicht mehr auffindbar. Nicht selten tauchen sie plötzlich wieder auf, wenn diese Zeit vorüber ist. Wichtig wäre auch, eine gute Sicherung persönlicher Daten vorzunehmen. Vielleicht ist es sinnvoll, zuvor mal ein Backup der Daten zu machen. Das könnte hilfreich sein. Das sind nur einige Beispiele, wie sich so ein rückläufiger Merkur manifestiert.

Wenn wir flexibel genug sind, uns auf Änderungen einzustellen, ist diese Phase besser händelbar. Aufräumen, Entsorgen, Reinigen und etwas Rückzug sind empfehlenswerte Tätigkeiten in dieser Phase.

Jeder wird diese Zeit anders erleben, deshalb ist es immer angebracht genau zu schauen, wie das Persönlichkeitshoroskop zu diesen Konstellationen ausgerichtet ist.

Merkur steht auch noch mit Uranus in Spannung. Das sorgt gern auch für nervliche Überbelastung. Es ist in solchen Zeiten immer gut, mal etwas auszuspannen und den Kopf etwas auszulüften. Das ist sehr hilfreich, wenn man das Gefühl bekommt, dass nichts so funktioniert wie angedacht.

Venus, unser Liebesplanet, wandert ebenfalls am Montag, den 05.08. in der Früh um 03:23 Uhr, in die kontrollierte und ordentliche Jungfrau. Venus, die ja Liebe, Schönheit, Sinnlichkeit und Luxus repräsentiert, kann sich in der Jungfrau etwas deplatziert fühlen. In der Fachsprache sagt man: Sie steht im Exil. In der Jungfrau werden die Venus-Eigenschaften, wie liebevolle Zuneigung, Sympathiebekundungen oder sinnliche Freuden, wesentlich sparsamer verteilt als üblich.

Der kritische und analytische Verstand ist immer eingeschaltet, weshalb es schwerfallen kann, sich offen und herzlich zu geben. Gefühle werden häufig unterdrückt und genau kontrolliert. Dafür ist eine Venus in der Jungfrau sehr loyal und pflichtbewusst. Das kann sehr vorteilhaft sein für langfristige Arrangements. Der praktische Bezug spielt meist eine tragende Rolle. Auch eine Bestandsaufnahme in Beziehungen kann mit Venus in der Jungfrau wichtig werden. Grundsätzlich ist jetzt auch eine gute Zeit für kluge Absprachen und Verträge. Aber hier muss man momentan noch den rückläufigen Merkur im Auge behalten.

Venus steht auch für alle Geldangelegenheiten. Es kann gut sein, dass jetzt ein Kassensturz vonnöten ist. In der Jungfrau spielt Sparsamkeit und kontrollierter Umgang mit Geld eine wesentliche Rolle. Ein Haushaltsplan verschafft einen regelmäßigen Überblick. Das passt super zu einer Venus in der Jungfrau. Hat man wieder den Überblick, lassen sich Investitionen viel besser planen, wenn Merkur wieder vorwärtsläuft. Auch Venus steht in Spannung zu Uranus, da kann sich unvermittelt eine ganz neue Situation in Liebes- und Geldangelegenheiten ergeben. Jetzt muss man mehr Flexibilität beweisen.

Mars, unser Energieplanet in den Zwillingen, bekommt Grenzen gesetzt von Saturn in den Fischen. Wenn man sich in dieser Zeit zu viel auflastet, kann das leicht zu einem Energiestau führen und sich im Körper mit Entzündungen bemerkbar machen. Es ist ärgerlich, wenn die Pläne nicht so vorankommen, oder man hat das Gefühl, ständig neue Steine in den Weg gelegt zu bekommen. Es kann anstrengender werden als erwartet. Deshalb sind Pausen eine ausgezeichnete Option, um sich nicht selbst zu überholen. Mancher Weg ist verstellt, damit man einen neuen, besseren ins Auge fasst. Ohne diese Hürde wäre der neue Weg nicht sichtbar geworden. Mars liefert Energie und Saturn Struktur und Disziplin. Es liegt an jedem selbst, diese beiden Kraftquellen so gut es geht zu kombinieren. Am besten funktioniert das, wenn es mit den eigenen Kräften abgesprochen wird.

In gesellschaftlichen Prozessen ist gerade mit dieser Spannung wieder allerhand Pulver vorhanden. Auch hier ist es ratsam, die Kräfte für sinnvolle Zwecke zu nutzen, um was Gutes zu bewirken.

Und damit beende ich wieder meine Wochenschau und wünsche dir eine erfolgreiche Woche und umsichtige Planung all deiner Vorhaben.

Wochenhoroskop vom 12.08. bis 18.08.2024

Der Spruch der Woche lautet:

> Unsere Sonne bekommt noch viel fröhliche Energie und wird von Merkur umarmt. Sie bekommt aber auch Aufregung von Uranus. Merkur wandert zurück in den Löwen. Und Liebesbotin Venus wird hin- und hergerissen.

Unsere wunderschöne majestätische Sonne im Löwen wird noch von den energiereichen, fröhlichen, geistreichen und horizonterweiternden Kräften von Mars und Jupiter getragen. Das erhöht die Energie auf vielen Ebenen. Die Schaffenskraft brodelt noch bis zum 16.08. wie ein Vulkan und verheißt große Erfolgsaussichten. Ab dem 16.08. beginnt dann eine Umarmung von Sonne und Merkur im Löwen.

Damit sind Ausdrucksweise, Kreativität und die Art der Kommunikation ganz auf die Löwe-Prinzipien eingestimmt. Man ist förmlich vollständig mit seinen Ideen und Überzeugungen verschmolzen. Persönlichkeitskern und Geist sind eins. Das steigert die Ausstrahlung und das Selbstvertrauen ungemein. Leider kann man in dieser Konstellation auch leicht die Objektivität verlieren. Die Kunst, die Musik, die Literatur und das Schöngeistige sind jetzt besonders ausgeprägt. Diese Elemente kann man sehr gut einsetzen, um seine Überzeugung zu vermitteln. Es lädt dazu ein, seine Ideen in die Welt zu tragen. Da wir aber noch rückläufigen Merkur haben, sind diese Ideen und Projekte oft noch nicht gut genug ausgereift. Wenn der Merkur wieder vorwärtsgeht, wird es auf jeden Fall noch bessere Chancen bekommen.

Unsere Sonne im Löwen wandert dann in dieser Woche, am 16.08., in einem Spannungs-Quadrat zu Uranus im Stier.

Und schon haben wir wieder ein neues Feuerwerk an ungeplanten Änderungen, Unruhen und chaotisch anmutenden Ereignissen. Die Gefühle sind leichter in Wallung zu versetzen als zuvor. Dem Löwen wird organisch das Herz zugeordnet. Da muss man gut seinen Kreislauf im Auge behalten. Zu viel Veränderung produziert Ängste und Unsicherheit. Sei auch jetzt so authentisch wie nur möglich. Das ist auch das Credo des Löwen. Bleib du selbst und lass mehr Flexibilität in dein Leben. Das gilt hier besonders für die Löwe-Geborenen der dritten Dekade, aber auch für die Wassermänner, Stiere und Skorpione, ebenfalls dritte Dekade. Zu diesen Sternzeichen steht Uranus sehr markant.

Die hiermit stark vorhandenen Ausbruchstendenzen im persönlichen, beruflichen und finanziellen Bereich wollen in kluge Bahnen gelenkt werden, damit sie sich umsetzen lassen.

Jetzt wird auch nochmal eine interessante Veränderung zum Tragen kommen: Am 15.08. um 01:15 Uhr wandert der rückläufige Denker, Planer und Geschäftemacher Merkur zurück in den stolzen Löwen. Nun kann es in den zuvor festgelegten, gut strukturierten Vorgehensweisen und Kommunikationsformen nochmal einen deutlichen Wechsel geben. In der Jungfrau ist Merkur sehr bodenständig und genau. Im Löwen ist Merkur sehr selbstbewusst und gern auch selbstverliebt in seine Ansichten. Da wird um jede Ansicht gekämpft.

Und auch hier funkt Uranus, unser Revoluzzer, ordentlich dazwischen. Durch die sich neugestaltenden Situationen kann das ganze Denkmodell völlig über Bord gehen. Jetzt gilt es zu akzeptieren, dass Dinge nicht immer nach Plan laufen. Der Kopf muss sich neu sortieren. Am besten ist, sich geistige Ruhe zu verordnen, auszuspannen und dann das, was sich gut und richtig anfühlt, in die neuen Überlegungen einzubeziehen.

Venus, unser Liebesplanet in der Jungfrau, wird in dieser Woche mächtig hin- und hergerissen. Venus bekommt richtige Ansagen von Mars und Jupiter in den quirligen Zwillingen.

In allen Beziehungen, ob Liebe oder andere Partnerschaften, kann es zu allerhand Ungereimtheiten kommen. Auch die Themen Geld und Besitz stehen zur Debatte. In der Kommunikation und den gegenseitigen Erwartungen kann es mächtig Missverständnisse hageln. Es ist wichtig, klar zu kommunizieren, damit kein Porzellan zu Bruch geht. In Geld- und Besitzfragen steht Venus in Jungfrau für Sparmodus und Mars/Jupiter für risikobehaftete Ausgaben. Keine einfache Situation, um zu einem gemeinsamen Konsens zu gelangen. Jetzt heißt es, klaren Kopf zu bewahren und die Ziele im Auge zu behalten.

Ab dem 14.08. beginnt dann eine spannungsreiche Opposition zwischen Venus in Jungfrau und Saturn in den Fischen. Damit werden die Liebes- und Geldangelegenheiten wieder einer strengen Prüfung unterzogen. Vielleicht muss der Gürtel auch enger geschnallt werden in dieser Zeit. Oft stehen in dieser Zeit Trennungen im Raum. Beziehungen, die bisher auf einem festen Fundament standen, können so einen Aspekt meist gut verarbeiten. Das kann die Partner noch enger zusammenschweißen.

Ist die Basis jedoch schwach, kann es zur Beendigung dieser führen. Saturn in dieser Position prüft, wie es um dein Selbstwertgefühl bestellt ist. Hier geht es darum, deine inneren Kräfte zu konzentrieren, wenn sich durchaus vorhandene Schwächen breit machen wollen. Zielorientierung ist eine gute Hilfe, um diese inneren Konflikte in den Griff zu bekommen. Es kommt einmal mehr darauf an, gut einzuschätzen, was wirklich wichtig ist und die Kraft darauf auszurichten, sein Fundament zu stabilisieren. Dazu gehört auch, sich aus dem Trubel zu lösen und sich Zeit für sich selbst zu gönnen. Finanzielle Engpässe helfen dabei, sich auf das Wesentliche zu konzentrieren.

Auch in dieser Woche begleitet uns die Spannung von Mars und Jupiter in den Zwillingen zum Hüter und Begrenzer Saturn in den Fischen. Der Konflikt zwischen dem hohen Energielevel und den objektiv vorhandenen Einschränkungen kann zu einem Kräftestau führen. Jetzt ist es sehr wichtig, die Energie gut zu kanalisieren, damit es keinen inneren Brandherd verursacht. Wut, Ärger, Hass und Frustration brauchen ein Ventil, damit kein Schaden angerichtet wird. Diese Energie ist sehr groß, und wenn sie dafür genutzt wird, etwas Großes zu schaffen, wird sie automatisch erlöst. Jedes Kraftfeld, das sich bildet, will sich immer verwirklichen. Es hängt von der inneren Einstellung ab, in welche Richtung die Kräfte gelenkt werden.

Die Global Player Uranus, Neptun und Pluto sind grundsätzlich positiv aufeinander eingeschwungen und bilden ein großes kosmisches Kraftfeld, in dem sie sich gegenseitig unterstützend verstärken. Damit sind große, neue, revolutionäre technische Fortschritte zu erwarten, die dem Allgemeinwohl dienen sollen. Im politischen Bereich kann es gravierende Neuordnungen geben. Wir bekommen aber auch mit diesem Kraftfeld einen unglaublichen neuen Einblick in die Natur unserer persönlichen Realität. Der Boden für diesen Fortschritt ist vorbereitet und will sich manifestieren.

Und damit beende ich wieder meine Wochenschau und wünsche dir eine erfolgreiche neue spannende Woche. Nutze die vorteilhaften Gelegenheiten, die sich dir offenbaren.

Wochenhoroskop vom 19.08. bis 25.08.2024

Der Spruch der Woche lautet:

> Wir bekommen einen Vollmond. Unsere Sonne wandert in die praktische Jungfrau und wird weiter von Uranus aufgeregt. Venus und auch Mars stehen noch stark im Fokus.

Gleich am Montag, den 19.08. um 19:25 Uhr, bekommen wir einen aufregenden Vollmond zwischen Sonne im Löwen in Umarmung mit dem rückläufigen Merkur, und Mond im Wassermann.

Das ist eine Phase, die wieder für einige Spannungen und Konflikte sorgen kann. Die Energie des selbstbewussten, kreativen Löwen ist auf seine eigene Individualität gerichtet, wogegen Mond im Wassermann besonders stark auf soziales Engagement achtet, sehr freiheitsliebend und unorthodox daherkommt. Jetzt wollen beide Bereiche ihre Aufmerksamkeit erlangen. Die kreative Ader kann sehr ungewöhnliche Züge annehmen und man kann außergewöhnliche Schöpfungen produzieren.

Diese Vollmond-Konstellation steht auch in Spannung zum rückläufigen Merkur und zu Uranus im Stier. Das führt leicht zu emotionaler Unruhe. Man fühlt sich gestresst und unsicher. Die Gedanken können einen ständig mit neuen Ideen jagen. Es ist manchmal schwierig, in so einer Phase eine klare Linie zu erkennen. Der Wunsch nach Veränderung treibt zu allerlei Aktivitäten an. Herz und Kreislauf können mächtig aufgewühlt werden. Es ist gerade in dieser Zeit angebracht, mehr Ruhe und Erholung anzustreben.

Am 22.08. wandert unsere Sonne in das Sternzeichen Jungfrau. In diesem Erdzeichen sind die Energien besonders auf Analyse, Ordnung und Effizienz ausgerichtet. Diese energetische Veränderung der Position der Sonne bewirkt eine starke Hinwendung zu praktischen Arbeiten, die auf die Verbesserung der Lebensumstände ausgerichtet ist. Eine klar strukturierte, gut geordnete und planmäßige Herangehensweise führt zu fassbaren Ergebnissen.

Gesundheitsfördernde Maßnahmen bringen in der Jungfrau-Zeit oft bessere Ergebnisse als zu anderen Jahreszeiten. Gesunde Ernährung, Sport und kluge Arbeitsorganisation beflügeln das Seelenmuster der Jungfrauen. Tätigkeiten in allen Dienstleistungsbereichen können einen starken Aufschwung bekommen. Knifflige technische Anforderungen haben jetzt mehr Erfolgschancen. Die Konzentrationsfähigkeit ist stark erhöht. Die Karriere will gut geplant und die Finanzen klug durchgerechnet sein.

Der rückläufige Merkur im Löwen wandert wieder in einen sehr günstigen Winkel zu Mars und Jupiter in den Zwillingen.

Das wirkt sich besonders positiv auf alle intellektuellen und kreativen Tätigkeiten aus. Auch der Forschergeist ist aktiviert. Die Kommunikation ist im Fluss. Mit rückläufigem Merkur sind die Themen auf vergangene Erfahrungen und Ereignisse ausgerichtet, und die daraus resultierenden Erkenntnisse können gut zu Papier gebracht werden. Es ist auch eine gute Zeit, um seinen Horizont durch Reisen zu erweitern.

Man kann dann auch recht plötzlich zu solchen Aktivitäten aufbrechen, denn Uranus steht hier noch weiter in Spannung. Es warten viele neue und ungewöhnliche Erfahrungen, die den Geist recht ordentlich in Bewegung versetzen können.

Unser Liebesplanet Venus in der Jungfrau wird in dieser Woche am stärksten von Aspekten zu anderen Planeten aufgewühlt. In der letzten Woche hatte ich schon Informationen zur Mars- und Jupiter-Spannung gegeben. Beide Planeten sind mächtig aktiv in den Zwillingen. Diese Mischung bleibt auch in dieser Woche aktiv. Damit sind alle Ausführungen dazu nach wie vor aktuell. Das Hin und Her in Liebe und Besitzangelegenheiten schafft heftige Aufregungen. Auf der einen Seite ist das Feld bereitet für aufregende Abenteuer, und auf anderer Seite ist das Sicherheitsbedürfnis auch sehr groß. Das verursacht Schwierigkeiten, zu klaren Entscheidungen zu gelangen.

Venus steht ebenfalls noch bis zum 24.08. in einer direkten Opposition zum Hüter und Begrenzer Saturn in den Fischen. Auch diese Konstellation hat bereits in der letzten Woche begonnen. In solchen Phasen kommt es oft zu Trennungen. Die Gefühle sind meist unterkühlt und auf Zweckmäßigkeit ausgerichtet. In Geldangelegenheiten können sich Engpässe anzeigen. Es stehen die Themen Selbstachtung, Selbstwertgefühl und Selbstverantwortung auf dem Prüfstand.

Dann beginnt ab Donnerstag, dem 22.08., ein harmonischer Winkel zwischen Venus in Jungfrau und Uranus im Stier. Das verheißt wieder positive Entwicklungen in Liebe und Besitzfragen. Neue, spannende und verheißungsvolle Begegnungen können das Ruder plötzlich herumreißen. In Geldangelegenheiten zeichnen sich auf einmal neue Geschäftsgelegenheiten und Gewinnchancen ab. Aber zwei Tage später, ab Samstag, den 24.08., steht Venus in Spannung zu Neptun in den Fischen. Das deutet in allen genannten Themen auf Täuschungen hin. Man muss also sehr genau hinschauen, auf wen man sich einlässt sowohl in Sachen Liebe aber eben auch in Geschäftsdingen. Wo sind die Versprechungen größer als es die Realität zeigt? Hier wird besonders der momentane Zwiespalt all dieser wirkenden Kräfte deutlich. Es ist nicht die beste Zeit, um wichtige Entscheidungen zu treffen.

Die Verbindungen von Mars und Jupiter in den Zwillingen bleiben ansonsten so bestehen, wie in der letzten Woche. Mars bildet mit Jupiter ein Spannungsfeld zu Saturn. Das schränkt die fröhlichen und hoffnungsvollen Grundimpulse Beider mächtig ein. Frohsinn ist gut, aber Verantwortung und Pflichterfüllung sind wichtiger. Die Lust auf Abenteuer muss warten, bis die Arbeit getan ist. So könnte man diese Konstellation verstehen.

Es ist schon sehr deutlich zu erkennen, wie unterschiedlich die Kräfte in dieser Woche wirken. Jetzt kommt es auf jeden selbst an, wie man das am besten für sich nutzt.

Und damit beende ich wieder meine Wochenschau und wünsche dir eine erfolgreiche Woche und viel Umsicht in all deinen Entscheidungen.

Wochenhoroskop vom 26.08. bis 01.09.2024

Der Spruch der Woche lautet:

> Unsere Sonne in der Jungfrau bekommt keine Aspekte. Merkur wird wieder direkt läufig. Uranus wird rückläufig. Und wir bekommen ein wunderschönes, himmlisches Schutzdreieck.

Wenn unsere Sonne in der Jungfrau diese Woche ohne Aspekte unterwegs ist, kann man sich ganz besonders auf die expliziten Eigenschaften dieses Sternzeichens konzentrieren. Es kommen weder positive noch negative Beeinflussungen ins Geschehen. Mit praktischer, fleißiger und verantwortungsbewusster Grundveranlagung kann man seine Ziele direkt und gründlich planen und umsetzen.

Es kann sich auch eine Einzelgänger-Veranlagung bemerkbar machen, weil hier der Fokus leichter im Auge behalten wird. Die wissenschaftliche Ader zeigt sich, und man könnte sich vielleicht auch im stillen Kämmerlein vergraben, um ungestört zu forschen oder sich einfach seinem Projekt voll zu widmen. Diese Sonne-Position verrät auch ein hohes Maß an Selbstdisziplin.

Merkur, unser Kommunikationsplanet, Denker und Geschäftemacher, wird ab Mittwoch, den 28.08. um 22:15 Uhr, wieder direktläufig. Es wird wieder leichter, zu klaren Vereinbarungen und Beschlüssen zu kommen. Der Geist ist nach vorne gerichtet. Die Geschäfte florieren wieder besser. Die Kommunikation kann sich nun auf allen Ebenen harmonischer entwickeln. Unterstützt wird diese Entwicklung auch von Mars und Jupiter, die beide sehr hilfreich zu Merkur platziert sind. Es ist jetzt wesentlich mehr Schwung drin als zuvor.

Jetzt kann es sogar schon wieder zu viel des Guten werden, denn Uranus bezieht eine spannungsvolle Position zu Merkur. Damit ist der Geist von jetzt auf gleich in Hochspannung versetzt. Das kann leicht zu geistigen Aussetzern führen. Es ist sicher hier ganz angebracht, ab und zu mal in die Entspannung zu gehen. Auf jeden Fall sind allerhand Ideen im Feld, die sehr schnell kommen und auch genauso schnell wieder weg sein können. Es lohnt sich immer etwas zum Schreiben dabei zu haben. Dann sind manch brillante Geistesblitze nicht verloren.

Venus, unser Liebesplanet, wandert am 29.08. um 14:23 Uhr in sein 2. Herrschaftszeichen Waage.

Diese Venus liebt besonders die Harmonie, den Stil, angenehme Partnerschaften und hat einen besonderen Sinn für Ästhetik und Schönheit. Man möchte sich etwas gönnen, die schönen Künste genießen, sich schick machen und in angenehmer Gesellschaft sein. Neue Menschen bringen neue Kontakte und neue Liebschaften in das Leben. Die Sinne sind geschärft für den guten Geschmack, für angenehmen Luxus und natürlich für Geld und Besitz.

Venus steht in dieser Woche noch zu Mars in Spannung. Da kann es sein, dass das männliche und weibliche Prinzip schwer auszugleichen sind.

Aber wir bekommen auch ein superschönes Highlight in dieser Woche vom 26.08. – 31.08: Unsere Liebesgöttin Venus bildet mit dem Revoluzzer Uranus und unserem Transformationsplaneten Pluto ein großes, schönes göttergeschütztes Glücks-Dreieck. Das beeinflusst die Wochenqualität sehr positiv. Es gibt

Hinweise auf mögliche glückliche Fügungen, inspirierende und kreative Möglichkeiten.

Uranus sorgt für innovative Impulse, will Veränderung anregen und Pluto gibt den Anstoß zu einer machtvollen und intensiven Transformation. Das kann zu großen entwicklungsfördernden Veränderungen führen.

Die Begegnung mit einem wichtigen Menschen kann sich anfühlen, als ob man zueinander geführt wurde. Man ist offen für neue Beziehungen. Die Kreativität kann stark zunehmen. Die Welt steht einem offen mit neuen Innovationen. Veränderung steht an, die zu einem ganz anderen Lebensstil aufrufen kann. Eine interessante Aufbruchstimmung macht sich breit. Die Liebe entfacht größere Räume und regt dazu an, völlig neue Konstrukte im gemeinschaftlichen Zusammensein zu erfinden. Jetzt können einige alte Strukturen fallen.

Ein ungünstiger Neptun-Einfluss auf Venus kann leider hier dazwischenfunken. Manches könnte sich auch als Illusion herausstellen. Dann war es zumindest ein schöner Traum.

Am 26.08. beginnt ein Spannungs-Quadrat zwischen Mars in den Zwillingen und Neptun in den Fischen. Da zeichnet sich eine innere Verwirrung ab. Mars, der Energieplanet, will sich aktiv in das Geschehen stürzen, wogegen Neptun in einer träumerischen Grundstimmung für Illusionen sorgt. Jetzt können so einige Unklarheiten in der Zielausrichtung zu spüren sein. Entscheidungen können schwer getroffen werden, da die Fakten dafür zu undurchsichtig sind. Es braucht mehr Anstrengung, um bei einer Sache zu bleiben. Schwächen im Energiehaushalt lassen die Kräfte leicht abrutschen. Es braucht immer wieder Ruhepausen. Die höhere Dimension klinkt sich ein und will sich bemerkbar machen. Meditieren, spirituelle Praktiken und Gebete sind in dieser Zeit hilfreich.

Uranus, unser Revoluzzer und Überraschungslieferant, wird ab Sonntag, den 01.09. um 16:17 Uhr, wieder für 5 Monate rückläufig. Und damit stehen wieder 5 Planeten in der Rückläufigkeit.

Wenn Uranus nun den Rückwärtsgang einlegt, kann uns das mit plötzlichen und unerwarteten Ereignissen konfrontieren. Pannen, Verzögerungen und Veränderungen werfen immer wieder den angedachten Plan durcheinander. Der Lernauftrag dahinter besteht darin, mehr Flexibilität in sein Leben zu integrieren. Die eigenen Bedürfnisse und die der Gemeinschaft sind einem ständigen Wandel ausgesetzt und können zu Trennungen, Umstrukturierungen oder Neugestaltungen von Beziehungen, dem Arbeitsumfeld, dem Freundeskreis oder den Gruppen und Gemeinschaften führen. Das Energiefeld beinhaltet viel Kreativität und Ideenreichtum, der eine neue Lebendigkeit zur Folge haben kann.

Und damit beende ich wieder meine Wochenschau und wünsche dir eine erfüllende und inspirierende Woche.

Wochenhoroskop vom 02.09. bis 08.09.2024

Der Spruch der Woche lautet:

Wir haben einen Neumond in der Jungfrau mit Einschränkungen. Merkur ist weiter in Aufregung. Mars schwächelt im Krebs und Pluto wandert zurück in den Steinbock.

Gleich am Dienstag, den 03.09. um 02:50 Uhr, bekommen wir den angekündigten Neumond in der praktischen und ordentlichen Jungfrau. Grundsätzlich ist das immer eine gute Zeit für Neuanfänge und Neustarts verschiedenster Art. Mit Jungfrau-Energie soll alles effizient und gut strukturiert einem klaren Plan folgen. Mit dieser Energie ist alles detailgetreu vorbereitet und könnte normalerweise prima laufen. Wenn da nicht das Leben dazwischenfunken würde.

In dieser Woche bekommt unsere Sonne eine anstrengende Opposition zu Saturn in den Fischen. Das kann so einige herausfordernde Hindernisse mit sich bringen. Es machen sich Zweifel breit über die Sinnhaftigkeit des eigenen Tuns. Auch wenn einige Schwierigkeiten den Plan durcheinanderbringen können, ist doch die Neumondkraft gut nutzbar, um an seinem Vorhaben dranzubleiben. Es brauch mehr Disziplin und Durchhaltevermögen und eine positive Geisteshaltung.

Mit kreativen Einfällen sind auch die vorhandenen Blockaden zu meistern. Wichtig ist auch bei einer Saturn-Spannung, die eigenen Kräfte gut einzuschätzen, um sich nicht zu verausgaben. Klare Ziele anvisieren und direkt darauf hinarbeiten ist wichtig, aber besser ist es, Schritt für Schritt vorzugehen. Die geplanten

Vorhaben könnten mehr Kraft und Aufwand verlangen als gedacht. Deshalb braucht es Zeit für Stärkung und Regeneration.

Hilfreich kann jetzt auch die Verbindung zwischen Sonne und Jupiter wirken. Ab dem 05.09. bildet sich ein Spannungs-Winkel zu Jupiter in den Zwillingen. Das wäre jetzt schon fast ein Kontrastprogramm zu der Saturn-Spannung. Jupiter sorgt jetzt eher für eine übermotivierte Grundstimmung. Das kann dann aber auch zu viel des Guten werden. Der Optimismus ist zwar vorhanden und wird stark geschürt, kann aber zu Übersprungshandlungen und ausferndem Verhalten ausarten.

Die Bedürfnisse und Vorstellungen sind mit den realistischen Möglichkeiten schwer vereinbar. In den Zwillingen produziert Jupiter großspurige Ideen und schön ausgeschmückte Konzepte. Wenn jetzt aber Saturn dazu in Spannung steht, verlangt dieser, für die ach so großartigen Ideen auch die volle Verantwortung zu übernehmen. Das kann dann leicht in Frustration münden. Aber Jupiter wäre nicht der Glücksplanet, wenn da nicht immer ein tiefer Hoffnungsstrahl mitschwingen würde. Wenn man seine Stärken vernünftig einschätzt und auch Fehler verzeihen kann, ist auch ein gutes Ergebnis zu erwarten. Führe dir vor Augen, dass niemand perfekt ist, und das erwartet auch keiner.

Merkur, unser Denker und Planer im Löwen, steht auch in dieser Woche in Spannung zu Uranus im Stier. Das beansprucht das Nervenkostüm weiterhin sehr stark. Der Geist ist sehr aktiv und die Ideen sprudeln nur so. Mars, unser Energieplanet, und Jupiter, unser Glücksplanet, unterstützen diese Entwicklung noch zusätzlich. Es können einige Missverständnisse entstehen, wenn zu schnell und unüberlegt kommuniziert wird. Aussagen und Meinungen können einem schnellen Wechsel unterliegen. Ganz nach dem Sprichwort: „Nichts Genaues weiß man nicht."

Plötzliche, unerwartete Ereignisse ändern die Situation, und es ist viel Flexibilität gefordert. Wenn es um innere Sicherheit und Stabilität geht, ist ein klarer Geist sehr wichtig. Die Intuition ist jetzt besonders gefragt, wenn wichtige Entscheidungen getroffen werden müssen. Nervenschonende Ruhephasen sind eine gute Option, um bei sich zu bleiben.

Mars, unser Energieplanet, wandert am Mittwoch, den 04.09. um 20:46 Uhr, in den sensiblen und empathischen Krebs. Das Element Feuer taucht in die wässrigen Tiefen ab. Das beeinflusst die Qualität der Mars-Ausrichtung deutlich. Willensstärke, Durchsetzungskraft und Motivation sind stark mit Gefühlen aufgeladen. Das kann zu Launenhaftigkeit und emotionalen Schwankungen führen. Die Intuition ist jetzt ausgeprägter als sonst. Das Ziel der Aktivitäten ist mehr auf die Familie, Kinder, das eigene Heim, die Geborgenheit und Zugehörigkeit ausgerichtet. Man kümmert sich gern um das Wohlbefinden des eigenen Clans und der Wahlfamilie.

Mars steht aber auch in dieser Woche noch ungünstig zu Neptun in den Fischen. Das schwächt die Energie. In der letzten Woche hatte ich dazu bereits einiges erläutert. Das bleibt auch in dieser Woche aktuell. Neptun sorgt für allerlei Verwirrung und Unklarheit. Die Kräfte sind nicht so abrufbar, wie man sich erhofft. Es sind mehr Pausen nötig als sonst, um eine Arbeit zu Ende zu bringen. Zu viel Anstrengung geht auf den Kreislauf. Therapeutische Maßnahmen, Meditation, Heilarbeit und Gebete wirken jetzt besonders gut. Aber auch hier braucht es klare Richtung. Man kann sich leichter verzetteln. Achtsamkeit ist angesagt, bei allen Substanzen, die jetzt eingenommen werden. Die Wirksamkeit ist stärker als zu anderen Zeiten.

Pluto, der für Transformation, für gesellschaftlichen Umbruch und Neubeginn steht, wandert am Montag, den 02.09. um 00:56 Uhr, zum letzten Mal für die kommenden 10 Wochen zurück in den Steinbock. Damit ist der große machtvolle Wandlungsauftrag in allen Behörden, Institutionen und öffentlichen Einrichtungen in die Endphase eingetreten. Die Themen von Macht, Tradition, Stabilität aber auch Vorherrschaften stehen nun noch einmal auf dem Prüfstand. Es wird sich herauskristallisieren, wie die Gesellschaft gerechter und humanitärer in die Zukunft gehen kann. Politische Strukturen werden genau daran gemessen, ob sie für Gerechtigkeit, Menschlichkeit und Nachhaltigkeit einstehen.

Wenn Pluto dann am 19.11. endgültig in den Wassermann einzieht, sind diese wesentlichen Strukturen neu geordnet, um für die neue Zeit gerüstet zu sein.

Und damit beende ich wieder meine Wochenschau und wünsche dir eine erfolgreiche Neumondwoche.

Wochenhoroskop vom 09.09. bis 15.09.2024

Der Spruch der Woche lautet:

> Unsere Sonne bekommt weiter unterschiedliche Herausforderungen. Merkur wechselt in sein Herrschaftszeichen Jungfrau. Mars ist weiterhin geschwächt.

In dieser Woche wird unsere Sonne in der kontrollierten Jungfrau grundsätzlich erstmal weiter von Saturn in den Fischen und Jupiter in den Zwillingen hin und her geschaukelt. Es wird einem durch die Spannung zu Saturn viel abverlangt, dass zu einer Überforderung führen kann.

Andererseits kann Jupiter im Quadrat zur Sonne und Saturn einige übermotivierte Vorstöße machen, die das geplante Konzept einfach mal über den Haufen werfen. Jupiter will mit Optimismus seine hochgesteckten Ziele in die Welt bringen. Manchmal ist allerdings weniger dann doch mehr. Das Thema stand auch bereits in der letzten Woche auf dem Plan. Dazu habe ich schon einige Erläuterungen gegeben.

Jetzt bekommt unsere Sonne noch zwei weitere Mitspieler:

Ab Freitag, den 13.09., beginnt eine günstige Verbindung zu Uranus im pragmatischen Stier. Grundsätzlich sind diese harmonischen Aspekte sehr förderlich für die persönliche Entwicklung. Das muss allerdings mit dem persönlichen Horoskop abgeglichen werden. Es sind viele kreative, inspirierende und originelle Neuheiten zu erwarten, die das Leben in verschiedener Hinsicht positiv beeinflussen können.

Es sind interessante Ansätze vorhanden für die Lösung bisher schwieriger Aufgaben. Jungfrau und Stier sind die erdverbundenen Sternzeichen. Hier will man technische Neuerungen auch in der Realität anwendbar erleben. Es können interessante wissenschaftliche Erkenntnisse für uns alle verfügbar werden. Erfindungen bringen einen neuen Spirit in die Welt.

Das kann die Sicht auf die Welt verändern und damit das Bewusstsein erweitern. Der Geist ist sehr wach und aktiv. Grundsätzlich kann sich ein interessanter, positiver Wandel abzeichnen.

Der zweite Mitspieler ist nicht so förderlich zur Sonne positioniert. Neptun, unser Seelentieftaucher in den Fischen, bildet ab Samstag, den 14.09., eine Opposition zur Sonne in Jungfrau. Das schwächt das Immunsystem. Deshalb ist es sehr wichtig, sich gut zu stärken und regelmäßig Pausen einzulegen, um die Kräfte zu schonen.

Die sonst so gut sortierte Jungfrau kann mächtig verwirrt werden von den nebulösen neptunischen Einflüssen. Intuition und Ratio arbeiten nicht gut miteinander. Die Fehleranfälligkeit ist stärker als zu anderen Zeiten. Bei wichtigen Entscheidungen sollte vielleicht nochmal eine zusätzliche Meinung eingeholt werden. Neptun liefert allerdings auch einige kreative Ansätze, die berücksichtigt werden wollen.

Merkur, unser Denker, Planer und Geschäftemacher, wandert in dieser Woche gleich am Montag, den 09.09. um 07:50 Uhr, für die kommenden 3 Wochen in sein Herrschaftszeichen Jungfrau. Hier ist Merkur stark. Der Geist ist wach und fokussiert. Die Analysefähigkeit steigt deutlich an. Das unterstützt alle wissenschaftlichen Tätigkeiten. Dort, wo Genauigkeit gefragt ist, kann diese Merkur-Position besonders förderlich wirken. Aufgrund der kritischen Veranlagung bei diesem Merkur, spürt man jeden Fehler auf. Da hilft auch keine Diskussion. Der Realitätscheck bringt es ans Licht.

Merkur ist auch weiter mit Mars, unserem Energieplaneten, in günstiger Verbindung. Da ist der Geist schnell und gibt auch deutlich kund, um welchen Missstand es sich handelt.

Venus, unsere Liebesgöttin in der liebevollen und stilsicheren Waage, wird in dieser Woche von unserem Glücksplaneten in den Zwillingen mit schönen Impulsen verwöhnt. Da Venus besonders die Liebe zelebriert und für Schönheit, Harmonie und Geld steht, ist jetzt eine schöne Phase im Gange. Jupiter will expandieren, sich optimistisch zeigen und Glück und Wachstum in die Welt bringen. Das lädt zu fröhlichen, gemeinsamen Aktivitäten ein. Man genießt die schönen Dinge. Es ist eine gute Zeit, mal wieder auszugehen und Freunde zu treffen.

Es kann sich auch in der Liebe eine sehr schöne Entwicklung ankündigen. Generell ist diese Kombination sehr erfolgversprechend für Geschäfte und Geldzuwachs. Also macht es Sinn, sich jetzt neue Ziele zu setzen und diese aktiv umzusetzen.

Mars, unser Energieplanet im Krebs, wird noch weiter geschwächt von Neptun in den Fischen. Damit sind die Kräfte nicht so abrufbar wie man sich das wünscht. Es ist empfehlenswert, die Kräfte gut einzuteilen, damit die wesentlichen Aufgaben erledigt werden können.

Zusätzlich steht Mars in dieser Woche auch in Spannung zu Mondnoten im Widder, unserer gesellschaftlichen Entwicklungsaufgabe. Das bringt zwiespältige Verhaltensweisen ins Feld. Der Auftrag im Widder will von uns Durchsetzungsvermögen, Führungskompetenz und aktive Selbstbehauptung. Das ist mit Mars im Krebs in Spannung zu Neptun schwer umsetzbar. Die eigenen Bedürfnisse wollen gelebt werden, versus Familie, Kinder, Geborgenheit und Zugehörigkeit.

Hier braucht es einen guten Konsens, damit sich Zufriedenheit einstellen kann.

Und damit beende ich wieder meine Wochenschau und wünsche dir eine erfolgreiche und schöne Woche.

Wochenhoroskop vom 16.09. bis 22.09.2024

Der Spruch der Woche lautet:

Wir haben eine partielle Mondfinsternis und Vollmond aus den Fischen. Es kommt die Herbst-Tag-und-Nachtgleiche. Ein wunderschönes Glücks-Dreieck kommt als Geschenk.

Da ist ja wiedermal richtig was los in der neuen Woche. Am Mittwoch, den 18.09., haben wir die angesprochene partielle Mondfinsternis auf der Achse Jungfrau/Fische. Sie bildet sich in der Nacht von 00:41 bis 06:47 Uhr in der Früh.

Sie wird sichtbar sein in Europa, in großen Teilen von Asien, Afrika, Nordamerika, Südamerika, dem Pazifik, Atlantik, Indischer Ozean, Arktis und Antarktis.

Die Jungfrau/Fische-Achse bezeichnet man auch als die Achse des Dienens, Helfens und Heilens. Genau auf diese Themen richtet sich jetzt wieder die verstärkte Aufmerksamkeit. Es ist auch eine sehr vergeistigte Energie-Achse. Die Intuition ist stärker ausgeprägt. Man bekommt Zugang zu den höheren, universellen Dimensionen. Die Traumtätigkeit kann jetzt verstärkt zunehmen. Eine gute Idee ist in diesen Phasen auch, sich seiner Träume mehr gewahr zu werden und sie gegebenen Falls aufzuschreiben.

In dieser hoch-spirituellen Phase kann man präkognitive Träume empfangen. Da eine Finsternis immer einen Wirkungszeitraum von mindestens 6 Monaten hat, können solche Träume jetzt wegweisend sein, für die kommenden Monate. Es zeigt auch immer eine Zeit des Wandels an. Der kann sich auf persönlicher, beruflicher oder auch geistiger Ebene jetzt ankündigen.

Während der Zeit der Finsternis bekommen wir auch den dazugehörigen Vollmond um 03:30 Uhr. Was jetzt intuitiv in das Bewusstsein aufsteigt, kann die Gefühle stark in Bewegung versetzen. Da Jungfrau-Sonne gegenüber von Fische-Vollmond steht, kann es die sonst so kontrollierte Jungfrau mächtig beunruhigen und verunsichern. Das kann dazu verleiten, seine Gefühle zu unterdrücken.

Es ist aber grundsätzlich in Ordnung, diese auch anzunehmen, wenn sie aufsteigen. Das nimmt den Druck von der Seele. Verschiedene Techniken, wie Meditation oder Gebete und auch Yoga-Übungen können die spirituellen Kräfte harmonisch in das System integrieren. Wenn du künstlerisch veranlagt bist, ist das eine gute Zeit, um seine Emotionen darüber stärker auszudrücken.

Das nächste Ereignis ist die Herbst-Tag-und-Nachtgleiche am 22.09., wenn die Sonne um 13:44 Uhr in die charmante und harmoniebedachte Waage einwandert.

Die Herbst-Tag-und-Nachtgleiche ist ein besonderes Ereignis, das den Übergang von einer Jahreszeit zur nächsten markiert. Es ist eine Zeit des Wandels und der Erneuerung, aber auch eine Zeit der Dankbarkeit und der Vorbereitung auf die Zukunft. In Form von Ritualen wird der Natur für ihre Fülle gedankt.

Erntedankfeste werden in vielen Ländern gefeiert, um der Ernte des Sommers zu gedenken. An diesen Festen werden oft traditionelle Gerichte wie Kürbissuppe, Martinsgans oder Erntebrot serviert. Es werden Kerzen angezündet, Kastanien gesammelt und schöne bunte Herbstblätter. Jetzt werden die Vorbereitungen getroffen, um sich auf die kürzeren Tage und die kältere Jahreszeit einzustimmen.

Im Zusammenhang mit den Ereignissen der Woche bildet sich zwischen unserer Sonne, erst in Jungfrau, dann in der Waage, wieder ein wunderschönes großes Glücks-Dreieck zu Uranus und Pluto, den Großen kosmischen Playern. Ich würde sagen: „Der Himmel ist mit uns."

Dieses kosmische Ereignis beginnt am 17.09. und bleibt bis zum 27.09. Da breitet sich eine herrliche Himmelsenergie über uns aus. Wir hatten in der letzten Augustwoche auch schon diese schöne Energie zur Verfügung, als Venus zu den beiden großen Planetenkräften in dieses Dreieck eingestiegen ist.

Es gibt aber natürlich auch noch einige andere Entwicklungen in dieser Woche, die sich dann innerhalb dieses kosmischen Schirms abspielen.

Da haben wir noch die Sonne-Spannung zu Neptun. Sie ist noch wirksam. Da habe ich in der letzten Woche schon einige wichtige Ausführungen gegeben. Das Immunsystem braucht noch weiter viel Unterstützung. Und Jupiter puscht die Sonne noch mächtig mit der Quadrat-Position zu ihr. Übermut ist auch noch weiter im Feld und kann auch nach hinten losgehen.

Merkur, unser Denker und Planer in der praktischen Jungfrau, wird weiter mächtig in Unruhe versetzt. Saturn schränkt die Kommunikation nach wie vor noch ein und verlangt Kontemplation, und Neptun sorgt wie bei unserer Sonne für einige Verwirrung. Manches ist auch noch schwer mit dem logischen Jungfrau-Verstand zu verarbeiten. Aber Uranus liefert inspirierende

Ideen für neue Möglichkeiten und spinnt schon fleißig interessante Konzepte.

Eine spannungsreiche Verbindung zwischen Venus und Pluto kann die Gemüter auch stark anheizen. Pluto im Behördenzeichen Steinbock ist weiter mächtig aktiv, um die Transformation in allen Institutionen, Einrichtungen und Behörden zum Abschluss zu bringen. In Spannung zu Venus in der Waage betrifft diese machtvolle Herausforderung alle Themen, die mit Beziehungen, Liebe, schönen Dingen sowie Geld und anderen Werten zu tun haben. Einiges wird deutlich infrage gestellt und zwingend zu einer Entscheidung geführt. Mit dieser Pluto-Position kann man sich Machtkämpfen und Manipulation ausgesetzt sehen.

In der Liebe kann es sein, dass die Beziehung völlig neue Maßstäbe bekommt oder sich eine Trennung ankündigt. Für Beruf und Karriere stehen die Zeichen ebenfalls auf Transformation. In dem Zusammenhang betrifft es dann auch und besonders das Thema Geld und unsere Wertvorstellungen.

Und dann haben wir ja noch in dieser Woche den WELT KINDERTAG.

Das kann uns wieder dazu inspirieren, mehr Zeit mit unseren Kleinen zu verbringen. Das ist die wertvollste Anlage, die wir unseren Kindern schenken können. Sie sind unsere Zukunft.

Mit den schönen Glückskräften aus dem herrlichen Glücks-Trigon werden sich sicher gute Gelegenheiten ergeben. Egal ob du Kinder hast oder nicht. Du kannst auch dein inneres Kind in den Arm nehmen. In diesem Sinne genieße die Woche.

Und damit beende ich wieder meine Wochenschau und wünsche dir viele großartige Momente mit den Highlights dieser Woche.

Wochenhoroskop vom 23.09. bis 29.09.2024

Der Spruch der Woche lautet:

> Das große Glücks-Trigon wirkt auch in dieser Woche weiter. Neptuns Schwächung geht zu Ende. Merkur wechselt in die Waage und verbindet sich mit Sonne. Und Venus wandert in den tiefgründigen Skorpion.

Das wunderschöne Glücks-Trigon zwischen Sonne, Uranus und Pluto ist auch in dieser Woche noch aktiv. Der kosmische Schirm ist bis zum 27.09. weiter über uns ausgebreitet. Bis zum 27.09. besteht auch noch die Spannung von Sonne und Neptun. Danach erstarken die Kräfte wieder. Das Immunsystem kann sich besser aufbauen und viele Verwirrungen legen sich jetzt wieder. Inspirierende neue Impulse bringen neue Möglichkeiten ins Feld.

In dieser Woche beginnt dann auch eine enger werdende Umarmung von Sonne und Merkur. Damit ist auch unser Merkur sowohl in das große Glücks-Dreieck mit eingebunden, aber eben auch in die Spannung zu Neptun.

Die Energie ändert sich, wenn auch Merkur am 26.09. um 09:09 in das Sternzeichen Waage eintritt. Grundsätzlich ist Merkur hier gut aufgehoben, weil sein Zeichenherrscher Zwillinge ebenfalls ein Luftzeichen ist, wie die Waage auch. Die logische Veranlagung kann sich jetzt gut entfalten. In der Waage geht es besonders um Gerechtigkeit, Fairplay, Harmonie und gute partnerschaftliche Beziehungen.

In der Waage entwickelt Merkur ein vergleichendes Denken, da er die Fakten aus verschiedenen Richtungen betrachten kann. Er hat es hier allerdings schwerer, eine Entscheidung zu finden. Der schöngeistige Anspruch ist jetzt verstärkt. Die Plauderlaune wird angeregt und man findet leichter Kontakte verschiedenster Art. Das ist förderlich für geschäftliche Aktivitäten. Die schönen Künste sind besonders im Fokus eines Waage-Merkur, und auch das schöne Geschlecht ist sehr beeindruckbar von seiner charmanten Art.

Wenn Sonne mit Merkur vereint ist, verstärkt das die Qualitäten beider Planeten. Die Konjunktion wird dann allerdings erst nächste Woche gradgenau. Jetzt ist man besonders offen für Kommunikation und auf die Lösung von strittigen Angelegenheiten ausgerichtet. Man kann sich förmlich mit einer Situation vollständig identifizieren. Sonne steht für unseren Persönlichkeitskern und die eigene Identität. Die Kompromissbereitschaft ist größer als sonst. Wenn es etwas zu klären oder zu regeln gibt, ist daher jetzt eine gute Zeit dafür.

Bleibt aber noch die Spannung zu Neptun im Feld. Damit sollte man trotzdem die Antennen achtsam ausfahren, um nicht von windigen Geschäftemachern ausgenutzt oder sogar betrogen zu werden. Neptun kann das Urteilsvermögen mächtig trüben.

Jupiter in den Zwillingen steht auch noch bis zum Mittwoch, dem 25.09., im Quadrat zu Merkur in Jungfrau. Das verleitet in der ersten Wochenhälfte nach wie vor dazu, mehr zu versprechen als man halten kann. Es kann auch leicht zu geistigen Erschöpfungszuständen kommen, da die Informationsflut einfach sehr groß ist. Der überbetonte Optimismus kann in Zweckoptimismus abgleiten. Damit sind die schönen Ansätze nicht gut genutzt. Versprechungen können oft nicht eingehalten werden.

Auf jeden Fall ist es auch eine gute Zeit, neue Dinge zu lernen und seinen Horizont zu erweitern.

Nun komme ich zu Venus, unserem Liebesplaneten. Venus wechselt gleich am Anfang der Woche, am Montag, den 23.09. um 03:36 Uhr, in den tiefgründigen und magischen Skorpion. Jetzt wird es spannend in den Venusangelegenheiten Liebe, Schönheit, Geld, Besitz, Sinnlichkeit und Vergnügen.

All diese Themen werden intensiviert. Es wird leidenschaftlicher, kann Eifersucht schüren und Besitzansprüche an den Partner stellen. Es herrscht eine Art Alles-oder-Nichts-Prinzip. Das kann auch auf emotionale Manipulation hindeuten. Das ist aber besonders im Zusammenhang mit dem eigenen Horoskop zu betrachten.

Das Gespür für Geld und seinen richtigen Einsatz ist jetzt auch stärker ausgeprägt. Ziel ist es, den eigenen Wohlstand zu sichern. In dieser Zeit kann sich auch eine sehr tiefe und bedeutungsvolle neue Beziehung ergeben. Die wird dann mächtigen Einfluss haben auf beide Partner.

Jetzt haben wir noch bis zum 28.09. die heftige Spannung von Pluto zu Venus. Dazu hatte ich in der letzten Woche schon einiges erwähnt. Diese Spannung ist sehr hintergründig, wenn sie sich im Skorpion abspielt. Das bringt heftige Machtkämpfe in das Geschehen um Liebe, Beziehungen und Geldangelegenheiten. Wichtig ist es, in dieser Zeit immer wieder den inneren Abstand herzustellen, um nicht in den Sog einzelner Manipulationen hineingezogen zu werden.

Am Schluss habe ich auch noch eine günstige Konstellation zu vermelden: Wir bekommen einen interessanten und starken Mars/Saturn-Winkel. Der befähigt uns dazu, durch klugen

Krafteinsatz große Arbeitsleistungen zu bewältigen. Damit ist man sehr zielorientiert und kann sehr viel erreichen.

Und ansonsten ist ja auch das große Glücks-Trigon für uns noch richtig förderlich aktiv bis zum Freitag, den 27.09.

Und damit beende ich wieder meine Wochenschau und wünsche dir eine schöne und erfolgreiche Woche.

Wochenhoroskop vom 30.09. bis 06.10.2024

Der Spruch der Woche lautet:

Wir haben eine Sonnenfinsternis und den dazugehörigen Neumond in Waage. Wir haben Feiertag. Sonne und Merkur werden von Mars angetrieben. Und es bildet sich wieder ein großes, schützendes Glücks-Dreieck.

In dieser Woche bekommen wir wieder schöne, interessante Highlights. Am 02.10. bekommen wir in der Zeit von 15:42 bis 23:47 Uhr eine ringförmige Sonnenfinsternis. Sie wird zu sehen sein im Süden Nordamerikas, in großen Teilen von Südamerika, Pazifik, Atlantik und in der Antarktis. In Europa ist sie nicht zu sehen, aber trotzdem genauso wirksam. Die Sonnenfinsternis ereignet sich auch - wie die Mondfinsternis von vor 14 Tagen - wieder auf der Partnerschafts-Achse zwischen Waage und Widder. Es geht um die Herstellung von Harmonie und Ausgleich zwischen dem weiblichen und männlichen Geschlecht, dem Ich (Widder) und dem Du (Waage).

Sonnenfinsternisse sind Auslöser für wichtige Veränderungen, Neuerungen oder Neustarts. Sie haben wieder eine Wirksamkeit von mindestens 6 Monaten. Wenn es Spannungen im Bereich der Beziehungen gab, dann besteht jetzt die Herausforderung darin, wieder ein Gleichgewicht herzustellen. Es geht um gerechte Verhältnisse in allen Beziehungsthemen, sowohl Liebe als auch Geschäftsverbindungen und Freundschaften.

Merkur steht in direkter Umarmung mit Sonne. Damit ist der Bezug zur Finsternis gradgenau. Wenn ein guter, fairer Konsens in Gesprächen und Vereinbarungen das Grundziel ist, dann können sich strittige Angelegenheiten jetzt gut beheben lassen. Wenn schwierige Entscheidungen anstehen, kann es anstrengend werden, da Mars im Krebs hier in einem Spannungsfeld steht. Das kann emotionale Reaktionen auslösen, die es gilt, in kluge Bahnen zu lenken. Veränderungen wollen jetzt akzeptiert und bewusst in das persönliche Leben integriert werden.

Während der Finsternis haben wir dann am 02.10. um 19:45 Uhr den dazugehörigen Neumond in der Waage. Mit dem Neumond wird ebenfalls das Thema des Neubeginns aufgenommen. Diese Energien bestärken darin, sich auf etwas Neues einzulassen und mit geistiger Wachheit seine neuen Ziele zu stecken und sie in Bewegung zu bringen. Die kommenden 14 Tage nimmt der Mond in seinem Lauf immer mehr zu. Das heißt, wenn Du in einem Bereich Deines Lebens Wachstum planst, dann ist dafür jetzt eine gute Zeit. Im Luftzeichen wollen die Dinge mit Schwung, Esprit und Leichtigkeit in die Welt kommen.

Es können sich günstige Gelegenheiten in allen Beziehungsfragen ergeben. Das Augenmerk liegt auf fairem und gerechtem Miteinander.

Es geht auch um ein Gleichgewicht zwischen Arbeit und Beziehung. Wie viel Zeit plane ich mir für mich und meine Lieben ein und wie viel für die geschäftlichen Angelegenheiten? Familie und Freundschaften wollen gepflegt werden.

Noch ein Wort zu dem Spannungs-Aspekt zwischen Sonne/Merkur in der Waage und Mars im Krebs. Dieser kann ab dem 01.10. zu einigen emotionalen Schwankungen führen. Mars, der Energieplanet, ist im Wasserzeichen nicht gut aufgehoben.

Es kann hier bei Ärgernissen mächtig brodeln. Wichtig ist, dass man offen ist für die Kommunikation zur Klärung solcher inneren Spannungen. Wenn Du jetzt alte Lasten bearbeiten kannst und sie zur Sprache bringst, wird automatisch Dein eigenes und das Energiefeld Deiner Mitmenschen gereinigt. Das unterstützt die Kraft der Neumondenergie.

Kreative Tätigkeiten können hier eine hilfreiche Alternative bieten, um die Energie umzulenken und damit einen schöpferischen Ausdruck finden.

Merkur wird ab Samstag, den 05.10., noch von Jupiter gepusht. Da sind die Synapsen stark beansprucht. Ab und zu muss der Geist mal Pause machen, sonst melden sich die dafür typischen geistigen Erschöpfungszustände.

Jetzt bekommen wir zusätzlich in dieser Woche ein großes Glücks-Trigon in den Wasserzeichen, als neuen Schutzschild und Geschenk des Kosmos.

Ein großes Wasser-Trigon wird als äußerst positiv angesehen. Es führt uns in tiefe Ebenen des Verstehens, der Intuition und verstärkt die kreativen Prozesse.

Diese schöne Trigon wird gebildet von Venus im Skorpion, Mars im Krebs und Saturn in den Fischen. Das verstärkt die sensiblen Antennen, die spirituelle Anbindung erweitert sich und auch die emotionale Intelligenz erhöht sich um ein Vielfaches.

Venus im Skorpion verstärkt die Leidenschaft und Intimität in allen Liebesangelegenheiten. Mit Mars in günstiger Position fühlt man sich sehr zum Anderen hingezogen und kann das Gefühl bekommen, vom Universum geführt zu sein.

Übrigens ist diese Zeit auch eine zeugungsstarke Phase. Wer also Nachwuchs plant, hat jetzt gute Gelegenheiten. Saturn bietet den nötigen stabilen Background und steht für Verantwortung, Klarheit und Sicherheit. Alles soll Sinn machen und zusätzlich einem höheren Ziel dienen. Es bietet interessante Möglichkeiten, sich völlig neu in seinem Gegenüber zu erkennen, sich intuitiv zu begegnen und damit größere emotionale Erfüllung zu erleben. Das bringt uns auch einen großen Schritt weiter in unserer Persönlichkeitsentwicklung und Transformation.

Der Auftrag besteht auch darin, noch stärker der eigenen Intuition zu vertrauen und ihr zu folgen.

Und damit beende ich wieder meine Wochenschau und wünsche Dir einen schönen Feiertag und viel Erfolg in der neuen Woche.

Wochenhoroskop vom 07.10. bis 13.10.2024

Der Spruch der Woche lautet:

> Sonne wird von Mars und Jupiter stark in Bewegung gebracht. Merkur bekommt Druck von Pluto. Jupiter wird rückläufig. Pluto läuft wieder vorwärts und das große schützende Glücks-Dreieck ist noch aktiv.

Die Sonnenfinsternis aus der letzten Woche wirkt noch gut nach. Jetzt bekommt unsere Sonne in der Waage von Jupiter in den Zwillingen einen wunderschönen beflügelnden Aspekt. Diese Verbindung bringt kraftvolle, positive Stimmung.

Die Sonne in der Waage will gerechte Verhältnisse und harmonische Beziehungen. Dann kann sie ihre Individualität sehr gut entfalten. Jupiter in den Zwillingen erweitert den Horizont, bringt Optimismus und lichtvolle Gedanken in jede Kommunikation. Das Lernen in neuen Wissensgebieten fällt leichter, und der Austausch untereinander ist äußerst befruchtend. Die Entwicklungschancen sind besonders gut in dieser Zeit. Vieles läuft wie von selbst. Man kann die Leichtigkeit des Seins erfühlen. Das haben die luftigen Energien so in ihrem Charakter.

Ein faires, partnerschaftliches Miteinander fördert Fortschritte auf vielen Ebenen. Gemeinschaftliche Projekte sind besonders von den Energien getragen, da sie das menschliche Miteinander stark fördern.

So kann jetzt viel Neues Fuß fassen, und die Erkenntnisse über die Möglichkeiten erweitern den Horizont ungemein. Der Fokus ist auch hier auf Erweiterung der Kenntnisse und Lernen gerichtet. Wer jetzt eine neue Studienrichtung beginnt, ist besonders gut unterstützt. Der Geist kann die Lerninhalte schneller erfassen.

Das Selbstwertgefühl erstarkt in dieser Energie weiter. Man traut sich mehr zu. Wenn sich neue Partnerschaften in dieser Zeit finden, kann das für sehr glückliche Umstände sorgen. Vieles kann sich jetzt zum Guten entwickeln. Man muss nur beginnen.

Merkur wechselt am Sonntag, den 13.10. am Abend um 20:54 Uhr, in den tiefgründigen Skorpion. Der Verstand und die Kommunikation werden jetzt intensiver, durchdringender und forschender. Verborgene Informationen offenbaren ihre Geheimnisse. Der Geist kann tief eindringen in die Mysterien. Die eigenen Schattenseiten des Daseins können angeschaut und erforscht werden. In dieser Phase kann die Wahrheit schonungslos zutage gefördert werden, da das intuitive Erfassen einer Sache direkt passiert. Im Skorpion ist Merkur sehr direkt und es wird kein Blatt vor den Mund genommen. Jetzt kommt es darauf an, wie man diese Wahrheit vermittelt. Es soll ja zum Wohle angewendet werden.

Es kann sehr leicht geschehen, dass in der Kommunikation mit dem Gegenüber die nonverbalen Signale viel deutlicher erkennbar sind und man genau erkennt, ob die Wahrheit gesprochen wird oder nicht. Damit ist man kaum zu täuschen, was sicher ein Vorteil ist.

Jetzt kommt es darauf an, welche Aspekte Merkur noch empfängt. Und da wird es wieder spannend. Erstmal ist noch die

Mars- und Jupiter-Kraft am Werk. Das fördert eine positive Geisteshaltung, die glatt in Euphorie abgleiten kann.

Ab Mittwoch, den 09.10., wird es enger in den Gedankengängen. Pluto bildet einen harten Spannungs-Winkel zu Merkur. Jetzt kann es in Gesprächen, Verhandlungen und der gesamten Kommunikation zu handfesten Konflikten kommen. Das Verständnis füreinander ist auf Eis gelegt. Manipulative Machenschaften können sich jetzt ausbreiten, bis hin zur Gedankenkontrolle, zwanghaftem Verhalten und negativer Grundstimmung. Diese Spannung fordert uns heraus, die persönlichen Überzeugungen zu prüfen und ein Umdenken zu einzuleiten.

Jupiter, unser Glücksplanet in den Zwillingen wird dann ab Mittwoch, den 09.10. um 08:18 Uhr für die kommenden 4 Monate rückläufig. Was bringt uns das? Und welche Veränderung zeigt sich an?

Auch diese veränderte Richtung von Jupiter fordert uns auf, die eigene Zielrichtung noch einmal auf den Prüfstand zu stellen. Wenn es zuvor um sehr viel Wachstum und Erweiterung geht, dann fängt jetzt eine Zeit an, in der die eigenen Überzeugungen nochmal eine Korrektur bekommen. In dieser Zeit wird ein Rückblick auf die Ereignisse der Vergangenheit gefordert, um zu erkennen, was wirklich wichtig und wertvoll ist. Die Erweiterung der Fähigkeiten bekommt eine klarere Richtung und Fokussierung auf das Wesentliche. Was sind deine wahren Interessensgebiete, die weiterverfolgt werden wollen? Es geht jetzt nicht mehr so schnell voran. Die Erweiterung richtet sich auf die inneren Werte.

Das schöne Wasser-Dreieck aus der letzten Woche begleitet uns noch bis zum Mittwoch, den 09.10. und wirft auch seine schönen liebevollen Kraftfelder in die Runde. Das hatte ich letzte Woche genauer erklärt.

Jetzt bekommt unsere Venus im Skorpion ab dem 10.10. von Uranus im Stier in eine aufregende Opposition. Da zeichnen sich bereits Herausforderungen in Liebes und Geldangelegenheiten ab. Unerwartete Veränderungen bringen allerhand Unruhe und Ungewissheit in das persönliche Leben. Menschen, die einem jetzt in das Leben kommen, können die Gefühle aufwühlen und für plötzliche Veränderung sorgen. Der Drang nach neuen Erfahrungen ist stark und das Gefühl nach einem unabhängigen Leben macht sich breit.

In Geldangelegenheiten kann sich jetzt einige Unsicherheit anzeigen. Man kann sich zu spontanen Ausgaben hinreißen lassen, die sich dann als Flop erweisen könnten. Andererseits kann eine Investition auch gute Gewinne einbringen. Es muss dafür genau geschaut werden, wie das persönliche Horoskop dazu positioniert ist.

Bei so einer Uranus Position zu Venus ist sowohl der große Wurf, aber eben auch der große Flop möglich. Wenn du noch klarer deiner Intuition vertraust, wirst du den richtigen Weg einschlagen. Jede Erfahrung bringt dich weiter.

Am 12.10. um 00:32 Uhr wird Pluto im Steinbock wieder direkt läufig in Richtung Wassermann. Die Zeit von Pluto im Steinbock geht nun endgültig dem Ende zu. Alte Muster und Strukturen verabschieden sich jetzt vollständig aus dem gesellschaftlichen Geschehen. Und im persönlichen Leben findet diese Transformation im jeweiligen Lebensbereich statt, wo der laufende Pluto sich befindet. Im politischen Gefüge verändern sich die Machtverhältnisse jetzt auch, falls das noch nicht geschehen ist.

In der Wirtschaft sind die Transformationsprozesse ebenfalls in der abschließenden Phase. Die neue Kraft und der Einfluss von Gemeinschaften nimmt immer mehr Fahrt auf.

Und damit beende ich wieder meine Wochenschau und wünsche dir eine erfolgreiche und erfreuliche Woche.

Wochenhoroskop vom 14.10. bis 20.10.2024

Der Spruch der Woche lautet:

Wir bekommen eine seltene fast totale Mondfinsternis mit dem dazugehörigen Vollmond. Sonne und Mars stehen zu Pluto in Kampfposition. Unser Liebesplanet wandert in den optimistischen Schützen

Wir erleben in dieser Woche am 17.10. in der Zeit von 22:45 Uhr bis zum 18.10. um 03:15 Uhr eine fast-Mondfinsternis.

Was ist eine fast-Mondfinsternis?

Sie beschreibt eine Finsternis, bei welcher der Mond nicht vollständig in den Kernschatten der Erde eintritt. Der Mond wird nicht vollständig verdunkelt. Bei dieser Finsternis wird der Mond zu ca. 80% an Helligkeit verlieren. Das ist schon ein interessantes und seltenes Spektakel.

Astronomen beschreiben in dieser Phase die Mondbahn als leicht geneigt gegenüber der Ekliptik, was die Bahn der Erde um die Sonne darstellt. In Europa ist sie auch sichtbar. Dann kann man ein schönes Farbenspiel beobachten, wenn das Wetter mitspielt.

Ebenfalls am 17.10., zur Mittagszeit um 12:25 Uhr, haben wir den angekündigten Vollmond auf der Achse Widder/Waage. Hier geht es wieder, um das Thema „vom Ich zum Du" zu kommen. Mondfinsternis und Vollmond beschreiben die gesamte Partnerschafts-Achse. In der Liebe kann dieser Vollmond im

Widder zu heftigen und leidenschaftlichen Abenteuern verführen. Wenn sich Konflikte abzeichnen, benötigt es viel Verantwortungsbewusstsein, um die Kräfte gut zu kanalisieren. An diesem Tag steht ein großes, übergeordnetes Spannungs-Quadrat am Himmel zwischen Sonne/Mond/Mars/Pluto. Das bedeutet viel Aufregung und Unruhe. Es braucht jetzt viel Achtsamkeit und innere Sammlung.

Jetzt etwas zu dieser anfangs angekündigten Spannung von Sonne in Waage, welche ab dem 16.10. in einem Quadrat zu Pluto im Steinbock steht:

Das bedeutet große Herausforderung für die innere Harmonie und das gemeinschaftliche Miteinander. Gerechtigkeit und Fairness werden arg angegriffen.

Pluto, der Transformierer, der für den machtvollen Wandel bekannt ist, fordert die Ich-Kräfte des Einzelnen, aber auch den gemeinschaftlichen Zusammenhalt heraus. Deine persönliche Identität versus Macht und Kontrolle. Das schürt Angst und Unsicherheit auf verschiedenen Gebieten. Es kann sich im Berufsbereich, in Partnerschaften und auch in Freundschaften abspielen.

Es besteht hier der zwingende Druck, seine bisherige Komfortzone zu verlassen und Lebensänderungen vorzunehmen. Wenn die Bereitschaft zur Veränderung vorhanden ist, lassen sich neue Wege besser beschreiten. Sie können mit Ängsten, vor dem was kommt, gepflastert sein. Hier hilft aber die Anbindung an die eigene innere Kraft und die Vernetzung mit Gleichgesinnten. Wichtige Veränderungen wollen gut bedacht und die Prioritäten sollten klar sein. Es hilft, wenn man seine Ängste anschaut. Wovor laufe ich weg? Es können im Umkehrschluss daraus die größten Stärken entwickelt werden.

Die Sonne hat aber auch noch sehr starke, unterstützende Hilfe von Jupiter in den Zwillingen.

Jupiter in den Zwillingen und die Sonne in der Waage bilden ein Trigon, was positive Auswirkungen anzeigt. Das wird ein großer Helfer für die schwierige Phase sein. Jupiter unterstützt alle Weiterentwicklungen. Wer vorwärts geht, wird von dieser Energie getragen. Er verleiht den nötigen Optimismus, um die unbekannten Wege zu gehen. Der Geist öffnet sich für neue Perspektiven. Allein das birgt den Erfolg in sich. In Bezug auf die Pluto-Spannung zur Sonne kann man auch interpretieren, dass erst etwas abgeschlossen und beendet sein muss, damit sich das Neue voll entfalten kann. Der Perspektivwechsel ist dafür sehr hilfreich. Es eröffnen sich Möglichkeiten, für die man zuvor in den alten Mustern nie offen gewesen wäre.

Unser Denker, Planer und Geschäftemacher Merkur im Skorpion steht ab dem 18.10. zu Saturn in den Fischen in einem stabilisierenden Aspekt. Die Denkprozesse sind tiefgründig und intensiv. Die Innenschau eröffnet außerordentliche Einsichten, kann aber auch in negatives Denken abgleiten. Aber Saturn ist hier der stabilisierende Part. Er liefert eine disziplinierte, strukturgebende und verantwortungsvolle Grundveranlagung. In den Fischen bekommt Saturn auch eine gewisse Portion Einfühlungsvermögen mit. Damit kann sich das Gemüt auch wieder gut sortieren und auf neue Ziele ausrichten.

Das ist eine ziemlich coole Mischung aus klarer Intuition und Mitgefühl sowie der Fähigkeit, eindeutige Entscheidungen zum gemeinschaftlichen Wohl zu treffen. Das beflügelt kreative Prozesse in den verschiedensten Geschäftsbereichen.

Wenn Venus dann am 17.10. um 20:29 Uhr in den Schützen wandert, wird die Liebe aufregender, spontaner und auch weltoffener. Man trifft sich gern mit Gleichgesinnten, philosophiert und diskutiert. Und ganz leicht kann dabei der Funke für eine neue Liebschaft überspringen, oder man erkennt in seinem Partner plötzlich wieder große, neue Potenziale, die Lust auf Horizonterweiterung aufkommen lassen. Eine Schütze-Venus ist leicht zu begeistern. Es sollte aber schon ein kluger Geist erkennbar sein. In Partnerschaften liebt die Schütze-Venus ihre Unabhängigkeit und will sich frei entfalten können. Unterschiedliche Liebestechniken beleben das intime Miteinander auf anregende Weise. Begegnet uns jetzt ein potenzieller neuer Partner, dann ist unter dieser Energie viel Abenteuerfreude mit von der Partie. Der Wunsch nach neuen Erfahrungen ist stärker als sonst. Man könnte auch spontan zu einer Reise aufbrechen, die den Horizont erweitert. Die Kreativität steigt und der Ideenpool erweitert sich. Eine Venus im Schützen ist offen und ehrlich und erwartet das auch vom Partner. Mit ihr kann man buchstäblich Pferde stehlen.

Zur Venus stehen Neptun, unser Seelentieftaucher, in den Fischen und Pluto im Steinbock sehr vorteilhaft. Und zu Uranus bildet sie eine aufregende Spannung. Es zeigt eine Zeit des Aufbruchs und der Veränderung an.

Mars, unser Energieplanet, steht am Ende vom Sternzeichen Krebs und wird ab dem 19.10. von Pluto aus dem Steinbock spannungsvoll aspektiert. Man kann sich Planeten mal ganz einfach vorstellt wie unsere Seelenanteile, die hier in der Symbolsprache mit Planetenenergien dargestellt werden. Diese Seelenanteile interagieren miteinander. Mal sprechen sie harmonisch und gut aufeinander abgestimmt miteinander. Ein anderes Mal diskutieren oder attackieren sie sich gegenseitig.

Bei Mars und Pluto in Spannung trifft letzteres den Nagel auf den Kopf. Mars repräsentiert grundsätzlich die feurige, leidenschaftliche Seite. Pluto dagegen ist der tiefgründige oder auch hintergründige Strippenzieher, der die machtvolle Transformation akribisch vorantreibt. Da stehen beide Kräfte frontal aufeinander gerichtet in der Arena. Pluto schürt untergründige Ängste und kann diese leicht zur Manipulation nutzen. Das steht den kampfbereiten, offenen Marskräften entgegen. Das verursacht Spannungen, Konflikte, Wut bis hin zu handfesten Aggressionen. Diese sind entweder gegen sich selbst oder nach außen gerichtet.

Positiv umgewandelt, kann man diese enormen Kräfte für die Bewältigung großer, anstrengender Aufgaben oder Ziele nutzen. Diese Energie hat durchschlagende Kraft. Mars im Krebs ist allerdings stärker nach innen gerichtet. Hier kann das Wasser der Emotionen mächtig in Wallung kommen. Da ist es wichtig, einen adäquaten Kanal für die Kräfte zu finden.

Zu Mars sind aber auch noch Uranus und Neptun in günstiger Position. Damit können überschüssige emotionale Anspannungen gut aufgefangen und sinnvoll genutzt werden. Aber auch hier ist es wichtig zu schauen, wie das persönliche Horoskop dazu platziert steht.

Und damit beende ich wieder meine Wochenschau und wünsche Dir eine erfolgreiche Woche. Erkenne die Möglichkeiten hinter den Herausforderungen.

Wochenhoroskop vom 21.10. bis 27.10.2024

Der Spruch der Woche lautet:

> Unsere Sonne wandert in den Skorpion und ist weiterhin starkem Druck ausgesetzt. In der Liebe stehen Prüfungen an, und Mars steht noch unter Einfluss von Pluto.

Die Sonne, unser momentaner Persönlichkeitskern aus gesellschaftlicher Betrachtung, wandert am 22.10., in der Nacht um 23:15 Uhr, in den Skorpion. Es beginnt eine Zeit, in der sich intensive, tiefe und transformierende Kräfte ausbreiten. Die Natur zieht sich, wie jedes Jahr, aus dem aktiven Geschehen zurück. Skorpion-Zeit ist Pluto-geprägt und beschreibt das machtvolle, hintergründige und geheimnisvolle Stirb-und-Werde aller Lebensformen.

Skorpion ist eines der drei Wasserzeichen, dass fähig ist, in die tiefsten Ebenen abzutauchen. Emotionen können außerordentlich mächtig erlebt werden. Das ist zu spüren in den Verhaltensmustern von Skorpion- oder Pluto-geprägter Menschen. Diese Zeit lädt uns allerdings auch ein, tief nach innen zu schauen und die eigenen Dämonen ausfindig zu machen. Es verhilft uns dazu, eine tiefe Verbindung zu uns herzustellen und uns selbst zu ermächtigen. Damit werden Ängste aus dem Weg geräumt, selbst wenn es zuvor undenkbar erschien. Geheimnisvolle, mystische und spirituelle Themen sind jetzt sehr anziehend. Der Blick hinter die Kulissen offenbart tiefe Erkenntnisse und Wahrheiten. In Liebesangelegenheiten können jetzt sehr transformierende und verbindliche Erfahrungen gemacht werden.

Die Sonne im Skorpion steht auch in dieser Woche noch sehr spannungsvoll zu Pluto im Steinbock auf 29,4°, kurz vor Beginn des Sternzeichens Wassermann. Das nennt man auch den kritischen Grad. Zwischen dem 29. Grad des einen Tierkreiszeichens zum darauffolgenden deutet immer auf sehr unruhige Veränderungen hin. Die aufeinanderfolgenden Sternzeichen haben höchst unterschiedliche Kraftfelder. Damit ändert der Planet beim Wechsel seine Wirkung und übernimmt die Färbung des neuen Zeichens. Da schält sich etwas Neues aus einem Kokon, der nun verlassen wird. Da die Sonne auch hierzu im Spannungsfeld steht, kann es sich um eine sehr anstrengende Erneuerung handeln. Einiges hatte ich in der letzten Woche schon dazu erklärt. Das trifft auch diese Woche noch zu.

Merkur, unser Denker, Planer und Kommunikationsplanet, der ebenfalls im Skorpion unterwegs ist, wird noch bis zum 26.10. weiter von Saturn unterstützend stabilisiert. Der Geist ist sehr klar ausgerichtet, und man besitzt mit dieser Konstellation gute Entscheidungsfähigkeit.

Das wäre die eine Seite der Merkur-Energie. Ab dem 26.10. beginnt dann nach der Saturn-Stabilität plötzlich eine ganz andere Energie. Uranus, unser Revoluzzer und Überraschungsplanet, der noch weiter im Stier unterwegs ist, bezieht eine spannungsvolle Position zu unserem Geschäftsplaneten. Jetzt können die schön ausgeklügelten und gut vorbereiten Modelle und Konzepte ordentlich durcheinandergewirbelt werden. Die Nerven werden mächtig unter Strom gesetzt. Das Motto dazu könnte lauten: „Alles bleibt anders" oder „Und meistens kommt es anders als gerade noch gedacht."

Das sorgt jetzt für allerhand Überraschungen, Neuentscheidungen oder unvorhergesehenen Veränderungen. In allen Bereichen der Kommunikation, der Medien, des allgemeinen und speziellen Austausches miteinander und natürlich auch in allen technischen Belangen kann es zu Aufregungen und Neuerungen kommen. Vereinbarungen und Planungen können plötzlich völlig neuen Ausgangssituationen unterworfen werden. Damit ändern sich die Bedingungen.

Es sind aber auch sehr inspirierende Neuerungen, die uns auf ein höheres Level heben können. Ein frischer Wind weht durch den Geist, die Geschäfte und das gemeinschaftliche Miteinander. Der damit zusammenhängende Umbruch bringt völlig neue Möglichkeiten zutage. Es ist gut, sich flexibel auf Neues einzurichten und nicht zu weit vorauszuplanen. Die Herausforderung wird darin bestehen, die Ruhe zu bewahren und in ein inneres Vertrauen einzukehren.

Unser Liebesplanet Venus wird ab dem 23.10. von einem Spannungs-Quadrat zu Saturn belastet.

In Sachen Liebe, Schönheit, Genuss und Sinnlichkeit kann es jetzt herausfordernd werden. Die Schütze-Venus will sich versprühen, Kontakte pflegen, neue Menschen und Kulturen kennenlernen und ihren Horizont erweitern. Und nun funkt hier Saturn dazwischen. Der Realitätscheck ist immer mit an Bord. Pflichterfüllung steht vor dem fröhlichen Gelage. Wie sagt man so schön?: Erst die Arbeit, dann das Vergnügen. In Beziehungen und anderen Partnerschaften geht es jetzt um die feste Basis im Zusammensein. Verantwortungsbewusstsein, Pflicht und Zuverlässigkeit stehen jetzt auf dem Prüfstand. Es kommen wichtige Themen zutage, die einer Klärung zugeführt werden wollen. In dieser Zeit kann es auch zu Trennungen kommen, wenn die Beziehung keine wirkliche Basis mitbringt.

In Geldangelegenheiten wird der Finger auch deutlicher auf die Wunde gelegt. Zurückhaltung in allen Ausgaben und mehr Sparsamkeit sind momentan ebenfalls aktuelle Themen. Die Reduktion führt zu bewusster Erkenntnis dessen, was wichtig und wirklich wertvoll ist.

Es braucht einfach mehr Geduld in allen finanziellen Angelegenheiten. Realistische Planung, soweit es möglich ist, hilft dabei in jedem Fall weiter.

Mars, unser Energieplanet im Krebs, steht im Trigon zu Neptun in den Fischen. Das ist ein sehr harmonischer Winkel zwischen den beiden unterschiedlichen Elementen. Energie und Ausdruckskraft paaren sich mit kreativer Intuition, und diese ist getragen von Mitgefühl und großem Einfühlungsvermögen. Das ist eine sehr schöne Kraftentfaltung. Die spirituelle Entwicklung bekommt einen weiteren Auslöser für mehr Weitblick und Verständnis der Erfahrungen.

Die Liebesfähigkeit und Erfahrung im intimen miteinander kann neue Dimensionen eröffnen, die eine Steigerung der inneren Kraftfelder in sich trägt.

Der Sinn für Familienverbundenheit kann sich jetzt noch einmal auf eine ganz neue Basis stellen. Dazu zählen auch die Seelenverbundenheit und unsere Wahlfamilie. Ein neues Zugehörigkeitsgefühl macht sich breit. Man trifft sich auf Seelenebene und die Bedürfnisse Einzelner sind auch in der Gruppe spürbar. Das ist sehr spannend. Der kreative, künstlerische und heilende Bereich ist jetzt besonders stark im Fokus und will sich ausweiten. Das soziale Miteinander bekommt eine neue Dimension.

Nun steht Mars im Krebs auch in einem harmonischen Winkel zu Uranus im Stier. Hier werden jetzt noch zusätzlich kreative Inspirationen angeregt. Das kann spontan zu neuen Kreationen führen; aus einem Impuls heraus, einer Idee, einer Anregung von außen oder von einem anderen Menschen. Es ist eine überraschende, schillernde Kraft, die plötzlich den Geist öffnet und es strahlt alles um dich herum.

Es kann äußerst befreiend wirken. Das eigene Potenzial erweitert sich unglaublich. Neue Menschen kommen ins Leben, bringen eine außergewöhnliche Energie mit und wenn sie wieder gehen, bleibt das Besondere an dieser Begegnung bei dir. Es können sich Seelen treffen, die das Gefühl haben, als ob sie sich schon aus Äonen kennen. Auf jeden Fall dürfen wir offen sein für diese wunderbaren Impulse des Universums.

Und damit beende ich wieder meine Wochenschau und wünsche dir eine inspirierende Woche und viel Kraft für die anstrengenden Phasen.

Wochenhoroskop vom 28.10. bis 03.11.2024

Der Spruch der Woche lautet:

> Wir bekommen einen Neumond im Skorpion. Die Sonne erhält Stabilität und Druck zugleich. In den Liebesdingen sind Schwankungen angesagt. Und wir haben wieder ein großes, schützendes Glücks-Dreieck am Himmel.

Die Wochenenergie bewegt sich direkt auf den Neumond im Skorpion am Freitag, den 01.11. um 13:45 Uhr, hin. Es erwarten uns wieder einige interessante Tage. Im Skorpion, in dem die Kräfte hoch-emotional wirken können, steigen mitunter so einige Ängste empor. Persönliche Auseinandersetzungen können tiefgreifende Erfahrungen hinterlassen oder auch große Erneuerungskräfte auslösen. Und darum geht es immer, wenn sich ein Neumond bildet. Dann stehen Sonne und Mond in enger Umarmung miteinander und ein neuer Mond und Wachstumszyklus kündigt sich an.

Wenn im Skorpion die Schattenseiten offenbar werden, heißt es, diese anzuschauen und sie zu verstehen, um sie annehmen zu können. Damit ist die Grundlage bereits gegeben, um einen Neubeginn in die Wege zu leiten, der sehr erfrischende Wirkung mit sich bringen kann. In persönlichen Beziehungen können diese eine größere oder auch magische Tiefe erlangen als bisher. Wenn man das zulassen kann, werden sehr heilsame Prozesse dadurch in Gang gesetzt. Es geht auch hier in erster Linie darum, die eigenen Emotionen so anzunehmen, wie sie sich zeigen. Das bringt interessante Wachstumsmöglichkeiten für dich mit.

So ist dieser Neumond auch wieder geeignet, etwas Neues in die Welt zu bringen, dass sich verwirklichen will.

Ab Dienstag, den 29.10., steht unsere magische Skorpion-Sonne in einem harmonischen Winkel zu Saturn in den Fischen. Damit ist auch der Neumond mit einbezogen in diese Konstellation. Das liefert sehr stabile und unterstützende Kräfte. Die Skorpion-Energie ergänzt sich in dieser Aspekt-Bildung hervorragend mit den verantwortungsvollen und disziplinierten Saturn-Qualitäten. Tiefe, intuitive und spirituelle Ebenen der Wahrnehmung des Skorpions können gut strukturiert in der realen Ebene in praktische Aktivitäten umgesetzt werden.

Das mächtige Kräftevolumen und Durchhaltevermögen können zu unglaublichen Leistungen anspornen. Die eigenen Stärken kommen zum Vorschein, und auch die Schwächen sind erkennbar. Man kann jetzt selbst verantwortungsvoll zur Tat schreiten, um unbeirrbar sein gesetztes Ziel zu erreichen. Durch die Fähigkeit, sich mit anderen emphatisch zu verbinden, sind deren Ziele und die eigenen erkennbar und können nutzbringend koordiniert werden. Man weiß, was der andere an Potenzial mitbringt. Da Saturn rückläufig ist, laufen viele dieser wichtigen Prozesse in erster Linie auf der inneren Ebene ab.

Merkur wandert am Samstag, den 02.11. um 20:18 Uhr, in den optimistischen Schützen.

Merkur, unser Denker, Kommunikationsplanet, Geschäftemacher und Reisespezialist, erlebt im Schützen eine deutliche Erweiterung seiner Geisteskräfte. Durch neue Kontakte kann man seinen Horizont immens erweitern und ist auch sehr bereit, Neues zu lernen. Die Neugier auf das, was sein könnte, stimuliert den Geist zu einigen Höhenflügen. Die irdische Welt ist nicht genug. Es soll schon das Universum mit eingeschlossen sein.

Große, neuartige Ideen und Projekte können jetzt in die Welt gebracht werden. Hochmotiviert geht es auf zu neuen Ufern. Man ist schneller bereit, ein Risiko einzugehen. Das Motto: „No risk, no fun", könnte gut zu einem Merkur in Schütze passen. Die Perspektiven erweitern sich aus dem eigenen Kulturkreis heraus. Es lassen sich viele neue Kooperationen schließen, die zuvor noch undenkbar waren. Es steht eine Zeit der Expansion und des Wachstums im Raum. Wichtig ist hier natürlich immer auch, die Position mit dem eigenen Horoskop abzugleichen, um genauere Informationen zu erhalten. Merkur bekommt besonders viele schöne und auch aufregende Aspekte in dieser Woche.

Der harmonische Winkel zu Pluto gibt eine sehr klare geistige Ausrichtung mit durchschlagender Überzeugungskraft. Das Wort ist machtvoll und wie heißt es so schön?: „Am Anfang war das Wort."

Und mit dieser Energie ist das Wort von tiefer Wahrheit durchtränkt und vermittelt eindeutige Richtungsweisung. Es wird getragen von tiefem Uhrwissen, das von Neptun ausgeht. Unser Seelentieftaucher liefert den harmonischen großen göttlichen Zugang und Mars im Krebs, im günstigen Verbund, verleiht den Worten die kräftige Resonanz mit Führungsanspruch. Das kann sich anfühlen, wie die Stimme der Gemeinschaft, die sich miteinander geborgen fühlt und füreinander da ist. Das ist eine wirklich großartige, zutiefst menschliche Mischung. Jetzt kommt es nur darauf an, diese wunderbaren Kräfte sinnvoll anzuwenden. Wenn jetzt neue Verträge oder Projekte gestartet werden, tragen diese genau den Stempel dieser großartigen Energie. Neue Beziehungen, ob privat oder geschäftlich, haben sehr gute Startbedingungen in dieser Phase.

Die Opposition von Merkur zu Uranus kann manchmal etwas übersprudelnde Energien verteilen. Da regnet es nur so an Ideen und neuen Einfällen. Die Informationsflut ist ziemlich groß. Da macht es immer mal wieder Sinn, sich vor wichtigen Entscheidungen erstmal gut zu sammeln, damit das positive Ergebnis auch erreicht werden kann.

Venus im Schützen wird noch weiter vom rückläufigen Saturn mit heftigen Prüfungen eingeschränkt. Das kann anstrengend und belastend sein. Es wird viel Disziplin, Durchhaltevermögen und Verantwortungsbewusstsein abverlangt. Die Geldangelegenheiten laufen vielleicht nicht so, wie es geplant war. Man muss genauer prüfen und abwägen bei Investitionen und Finanzplanungen.

Venus im Schützen bekommt dann zusätzlich eine Opposition von Jupiter in den Zwillingen ab 29.10. Mit dieser Position von unserer schönen sinnlichen Liebesgöttin kann sie in der Liebe sehr idealistisch, überschwänglich und auch oft überzogen großzügig zugehen. Schütze ist gern jovial und gibt sich tolerant, was sicher auch viele Vorteile mitbringt. Man darf eben nur nicht vergessen, dass da nebenan jemand ist, der auch gern Aufmerksamkeit hätte. Ein Partner mit kleinlichen Besitz-Ansprüchen passt schlecht zu einem Schütze-Venus. Diese will gemeinsam neue Ufer erkunden, die Welt ansehen und Abenteuer erleben.

Zum einen wird dieser Wunsch gerade noch bis zum 02.11. von Saturn beschnitten und in die Schranken gewiesen, wie weiter oben schon erwähnt.

Und jetzt beginnt zwischenzeitlich schon diese Spannung von Venus zu Jupiter. Das ist das totale Kontrastprogramm zu den Einschränkungen von Saturn.

Da kommt eine expansive Kraft zum Vorschein, die diese ganzen Ketten gern sprengen würde und trotz aller Hindernisse ihren eigenen Himmel erstürmen will. Diese Gefühle können in einem Kessel brodeln und führen zu einer großen inneren Unruhe und Unzufriedenheit. Man will endlich zum großen Wurf ausholen. Aber hier ist Achtung angesagt. Jetzt kann man leicht das Kind mit dem Bade ausschütten und am Ende ist außer Spesen nichts gewesen.

Diese beiden Spannungen sind schon mächtig und können das Gemüt ordentlich anheizen und inneren Druck verursachen. In Partnerschaften braucht es viel Verständnis und Achtsamkeit, um hier nicht wertvolles Porzellan zu zerschlagen.

Auch alle Geldangelegenheiten sind mit dieser Energie versehen. Man kann ganz leicht dazu neigen, zu viel Geld für unnütze Dinge auszugeben. Geschuldet dem, dass zuvor durch Saturn-Einschränkungen der Gürtel einfach sehr eng geschnallt werden musste. Ideal und Realität können stark auseinanderdriften. Wenn man sich dessen aber bewusst wird, sind auch diese Phasen gut zu meistern.

Hier habe ich noch ein schönes Highlight in dieser Woche.

Es bildet sich wieder ein großes Glücks-Trigon in. Das wird als ein göttergeschütztes Dreieck bezeichnet. Hier treffen sich drei Planeten, die alle in einem Abstand von 120° in einem Dreieck zueinanderstehen. Zieht man einen Kreis um dieses Dreieck, hat man das Symbol für Vollkommenheit. Das steht für große

Glücksenergie. Es ist etwas im Fluss oder wie man so schön sagt im Flow.

In unserem Fall treffen sich Merkur, der Denker und Geschäftsplanet, Mars, unser Energieplanet und Neptun, der Seelentieftaucher, in diesem Dreieck.

Es ist eine sehr motivierende, unterstützende und spirituelle übergeordnete Energie. Man weiß intuitiv, dass man auf dem richtigen Weg ist, obwohl man es nicht wirklich greifen kann. Das ist eine Phase, in der man sich vertrauensvoll führen lassen kann. Die kreativen Impulse führen zu mehr Wachstum und Entwicklung. Die angedachten Projekte erweitern das eigene Spektrum der Vorstellungen ungemein. Meine Idee dazu wäre: Am besten staunend mitgehen und geschehen lassen, was da kommen will. Es können Träume wahr werden.

Auch hier ist wieder das persönliche Horoskop ausschlaggebend, wie man diese Konstellationen erlebt.

Und damit beende ich wieder meine Wochenschau und wünsche dir eine schöne, inspirierende Woche mit vielen Highlights.

Wochenhoroskop vom 04.11. bis 10.11.2024

Der Spruch der Woche lautet:

Unsere Sonne steht auch diese Woche harmonisch zum Prüfer und Begrenzer Saturn. Die Denkprozesse werden von Saturn eingeschränkt und von Mars angeheizt. In der Liebe können sich Täuschungen ankündigen.

Unsere Sonne im machtvollen und magischen Skorpion bekommt auch in dieser Woche noch weiterhin die günstigen, stabilisierenden Kräfte von Saturn in den Fischen. Das stärkt das Selbstvertrauen und gibt viel Sicherheit bei allen Entscheidungen, die langfristig ausgerichtet sind. Mit rückläufigem Saturn kann es manchmal etwas zu starre Festlegungen beinhalten. Das Durchhaltevermögen und die Disziplin sind geradezu sprichwörtlich. Da paart sich tiefe innere Wahrheit mit klarer Zielorientierung. Das ist eine starke Führungsqualität mit viel Verlässlichkeit und Beständigkeit. Einiges hatte ich dazu auch bereits in der letzten Woche schon erläutert. Das bleibt auch diese Woche weiter aktuell.

Merkur, unser Denker, Planer, Geschäftsplanet und Reiseführer, wird noch bis zum 07.11. von Mars, unserem Energieplaneten, in Bewegung versetzt. Die Auffassungsgabe ist sehr gut ausgeprägt. Man kommt schnell zu Entscheidungen. Das gesprochene Wort ist unmissverständlich und erreicht seinen Adressaten auf direktem Wege. Der Ton wird noch deutlicher, wenn Mars in den Löwen wandert.

Jetzt bekommt Merkur im optimistischen Schützen aber auch ab dem 07.11. ein Spannungs-Quadrat zum rückläufigen Saturn in den Fischen.

Da zeichnen sich bereits Herausforderungen in der gegenseitigen Verständigung ab. Jetzt kann es zu unangenehmen Verzögerungen, Einschränkungen oder undefinierbaren Hindernissen kommen. Manchmal gibt es bei dieser Konstellation eine direkte Blockade der Kommunikationskanäle. Jetzt ist mehr Geduld gefragt. Wenn der Energieträger der Disziplin, Verantwortung und Struktur ein Spannungsfeld aufbaut, beginnt meistens eine Prüfungsphase. Es wird nochmal alles auf Realitätstauglichkeit gecheckt. Was diese Prüfung nicht übersteht, wird postwendend ausgemustert. Dazu können so manche schönen, hoffnungsvollen und gut ausgetüftelten Pläne genauso zählen, wie bereits zur Unterschrift eingereichte Konzepte oder Vorhaben.

Es ist halt auch wichtig, in dieser Zeit selbst den Geist in ruhigen Zustand zu versetzen. Durch diese Prüfung müssen wir immer wieder mal. Saturn ist der absolute Realitätsprüfer. Wenn dort ein Projekt das OK bekommt, hat es Erfolgspotenzial auf langfristige Sicht. Dafür lohnt sich auch, diese wichtige Prüfung durchzustehen. Wenn die lang ersehnten Rückmeldungen zur Realisierung wichtiger Vorhaben auf sich warten lassen, kann das auch mit dieser Saturn-Position zu tun haben. Es dauert lange und ist zäh. Auch in wichtigen Verhandlungen kann es zu mehr Missverständnissen oder Entscheidungsaussetzungen kommen. In der Kommunikation ist jetzt Weniger mehr. Es kann sich allerdings auch sehr leicht negatives Denken einschleichen. Wenn sich Zweifel ausbreiten, ist es hilfreich, den Geist in der Natur mal richtig auszulüften.

Für unseren Liebesplaneten Venus im optimistischen Schützen beginnt jetzt ein Spannungs-Quadrat zu Neptun in den Fischen.

In Liebesangelegenheiten kann man jetzt besonders leicht den eigenen Illusionen aufsitzen, und Enttäuschungen sind fast schon vorprogrammiert. Im Schützen will Venus romantisch und abenteuerlustig in den Sonnenuntergang reiten. Das Ideal ist hoch angesetzt. Neptun verschleiert jetzt diese klaren Ansätze und entführt in schillernde, irisierende Traumwelten, die meist weit entfernt sind von realen Machbarkeiten. Das produziert oft unerfüllbare Sehnsüchte, die nach einer Prüfung zu einer unangenehmen Ernüchterung führen können.

Da unsere Venus auch der Planet des Geldes ist, geht es auch in allen finanziellen Angelegenheiten hoch idealistisch zur Sache. Die großzügige Natur der Schütze-Venus kann sich leicht dazu verleiten lassen, ihr Geld in undurchsichtigen Kanälen zu versenken. Und natürlich würde es dann nie mehr gesehen. Es sind so einige Betrüger unterwegs, die immer nur das Beste von dir wollen, dein sauer verdientes Geld. Also ist es sehr wichtig in all diesen Themen jetzt erstmal die Füße stillzuhalten und genauer hinzuschauen.

Genauer beurteilen kann man aber die persönliche Situation nur, wenn das eigene Horoskop dazu ins Verhältnis gesetzt wird. Dann kann vieles schon ganz anders aussehen.

Mars, unser Energieplanet, wandert am Montag, den 04.11. früh um 05:10 Uhr, in sein befreundetes Feuerzeichen Löwe. Der Energiepegel hebt sich zusehends an. Das Selbstvertrauen gewinnt mehr an Stärke. Man hat das Gefühl, dass man alles schaffen kann. Die Führungsqualitäten sind enorm. Die Motive, die einen antreiben, sind ehrenhaft und vom majestätischen

Glanz des Löwen umgeben. Der Aktivitätspegel steigt enorm an. Das kann man gut in sportlichen Wettkämpfen oder anderen Tätigkeiten einsetzen. Damit kann man viel schaffen und erhält die gebührende Anerkennung.

Die Motivation ist ausgesprochen hoch, sich in wichtige Projekte einzubringen, um diese zum Erfolg zu führen. Ich gebe hier aber noch zu Bedenken, dass sowohl unseren Planer Merkur ungünstig platziert ist, als auch Venus eher wenig unterstützen kann.

Wenn man merkt, dass es doch an verschiedenen Stellen hakt, ist es gut, sich aus stressigen Situationen auszuklinken. Alles kommt zur rechten Zeit. Neptun und Uranus, die beiden Großen Player, stehen sehr gut zu Mars. Das Universum hat den richtigen Plan. Pluto könnte zu viel Druck verursachen. Dann hilft es besonders, wenn man auf seine eigenen Bedürfnisse Rücksicht nimmt.

Und damit beende ich wieder meine Wochenschau und wünsche dir eine großartige und erfolgreiche Woche. Schau für dich, was dir besondere Freude bereitet. Es heißt ja so schön: Folge der Freude.

Wochenhoroskop vom 11.11. bis 17.11.2024

Der Spruch der Woche lautet:

> Wir bekommen einen Vollmond in Verbindung mit Uranus. Venus wandert in den Steinbock. Und Saturn wandert endlich wieder vorwärts

Die ganze Woche wird unsere Sonne im magischen Skorpion von Seelentieftaucher Neptun und Revoluzzer Uranus in höhere geistige Dimensionen geschickt. Uranus im Stier steht der Sonne genau gegenüber und sorgt für aufregende Neuerungen. Überraschungen sind vorprogrammiert.

Der Vollmond im Stier, am 15.11. um 22:25 Uhr, bringt allerhand Unruhe in das allgemeine Treiben.

Er steht dann direkt in einer Umarmung mit Uranus, dem Überraschungsgaranten und Revoluzzer. Das Sicherheitsbedürfnis und die allgemein bekannte Stabilität des Stiers werden mächtig auf die Probe gestellt. Gerade wenn Uranus so unvorhersehbare Ausbrüche anzettelt, kann das Gemüt des Stiers mächtig in Wallung kommen. Gerade, wenn das Gefühl aufkommt, die Kontrolle zu verlieren. Das verursacht Unentschlossenheit, da der Weg nicht eindeutig ersichtlich ist. Die Aufforderung besteht darin, alte Pfade zu verlassen und die selbst gesetzten Grenzen zu lösen. Das bereichert das Leben ungemein. Eine Phase des Wandels und der Transformation ist im Gange. Mit Sonne in Opposition zu Uranus will sich leidenschaftliches, inneres Feuer mit der persönlichen Identität und Einzigartigkeit versprühen. Das kann einige Fesseln sprengen.

Erfreulicherweise stehen Neptun und Pluto günstig zu dieser Konstellation. Das fördert ein größeres Verständnis für die universellen Vorgänge und Zusammenhänge. Neptun in den Fischen steht günstig zu Sonne und Uranus ab dem 12.11. Das schärft die Intuition und bringt eine tiefe, mitfühlende und mitmenschliche Veranlagung in das Geschehen. Man kann sich führen lassen, wenn die alten inneren Mauern abgetragen sind. Die günstige Verbindung von Sonne im Skorpion zu Pluto, der noch am Ende Steinbock steht, fördert ab dem 15.11. den tiefgreifenden Transformationsprozess. Man könnte auch das Gefühl bekommen, neue Dimensionen des Seins zu durchschreiten. Das macht äußerst lebendig und befreit von vielen Lasten. Eine neue Perspektive eröffnet neue Chancen in verschiedenen Richtungen.

Merkur im Schützen wird ab dem 12.11. von Jupiter in den Zwillingen unter Spannung gesetzt. Die Denkprozesse sind im Schützen stark auf das Verstehen philosophischer und religiöser Zusammenhänge ausgerichtet. Andere Weltanschauungen und Kulturen ziehen einen mit dieser Merkur-Position in seinen Bann. Neugierig geht es auf zu neuen Wissensgebieten, die sehr horizonterweiternd sein können. Mit einer Spannung zu Jupiter kann dieser Wissensdrang zusätzliche Inspirationen mitbringen. Die Überzeugungskraft ist groß, und man setzt sich gern mit neuen Sichtweisen auseinander. Es wird eifrig nach noch mehr Fakten, Denkanstößen und neuen Möglichkeiten Ausschau gehalten. Das kann zu einer Flut von Informationen anwachsen, die das Nervenkostüm stark beanspruchen könnten.

Es ist ganz angebracht, dem geistigen Treiben immer mal wieder etwas Ruhe zu verordnen. Dann sind die vielen Ideen auch besser sortierbar.

In Anbetracht der Tatsache, dass wir aus der letzten Woche noch die Spannung von Merkur und Saturn in diese Woche mitgebracht haben, ist es ganz angebracht, die Kommunikation und die geistigen Ergüsse etwas zu filtern. Saturn ist immer noch dabei, die schönen Ideen mit negativen Gedankenschleiern auszubremsen. Es ist ein Auf und Ab zwischen freudigem, hoffnungsvollem Optimismus und einer pessimistischen Stimmung. Ganz nach dem Motto: „Himmelhoch jauchzend, zu Tode betrübt."

Aber der Weg zu mehr lichtvollen Gedanken und Gesprächen wird von Tag zu Tag sichtbarer. Ab dem Wochenende hat sich Saturn auch verabschiedet. Das macht vieles wieder leichter.

In Liebes- und Geldangelegenheiten ändert sich bereits ab Montag, den 11.11. um 19:26 Uhr, so einiges. Venus wandert in den zielorientierten und disziplinierten Steinbock. Damit stehen in Sachen Liebe und Geld für die nächsten 3 Wochen die ernsten Themen auf dem Plan. In einer guten Beziehung kann man sich jetzt auch das Ja-Wort geben und Nägel mit Köpfen machen. Alle wichtigen Grundvoraussetzungen sind dafür gegeben. Man geht in diese neue Dimension einer Beziehung mit sehr viel Verantwortungsgefühl, klarer Ausrichtung und langfristigen Plänen. Bei einer Steinbock-Venus ist die Liebe wenig romantisch, aber dafür sehr verlässlich.

Auch die Geldangelegenheiten lassen sich in dieser Zeit ausgezeichnet regeln. Sparsamkeit, Voraussicht und kluge Planung führen zu finanziellem Erfolg. Investitionen zahlen sich im Allgemeinen gut aus. Es ist ein Aspekt, der auf Langfristigkeit hindeutet. Venus bekommt aber auch in dieser Woche noch die Spannung zu Neptun aus der letzten Woche mit. Damit sind die Nebel der Unklarheit in Liebe und Geld noch nicht vollständig abgezogen.

Aber ab Samstag, den 16.11., bekommt Venus im Steinbock einen günstigen Aspekt zu Saturn in den Fischen. Damit klärt sich deutlich die Lage in allen angesprochenen Venus-Themen. Die Gefühle werden jetzt stark kontrolliert. Man weiß, was zu tun ist und kann sich direkt und strukturiert in die Arbeit stürzen. Das zeitigt große Erfolge. Das ist auch eine gute Zeit, um Konzepte und Pläne aufzustellen, die sich verwirklichen lassen.

Zu Mars im Löwen kann ich sagen, dass er noch weiterhin in der Spannung zu Pluto positioniert ist. Die Kräfte wirken gegeneinander und können zu Gefühlsausbrüchen und aggressivem Verhalten führen, wenn man es nicht im Auge behält. Aber auch Neptun und Mondknoten stehen, wie in der letzten Woche, weiter günstig zu dieser Spannung. Das mildert die hohe Spannung doch um einiges ab. Was ich dazu in der letzten Woche erläutert habe, ist weiter aktuell.

Nun wird in dieser Woche, ab Freitag, den 15.11. um 15:29 Uhr, der Hüter und Begrenzer Saturn, von dem ich gerade gesprochen habe, wieder direktläufig. Damit ist eine lange Phase starker Limitierungen und übertriebener Kontrollmechanismen auch erstmal beendet. Vieles, was sich angestaut hat, liegengeblieben ist oder einfach nochmal geprüft werden musste, kann jetzt einer Klärung zugeführt werden. Jetzt geht es in die Umsetzung der Pläne, die so lange warten mussten. Es beginnt wieder eine Phase des kontinuierlichen Fortschritts.

Saturn in den Fischen liefert eine klare Sicht auf die Spiritualität und die praktische Anwendbarkeit von Intuition und emphatischen Begabungen. Es ist eine sehr interessante Komposition aus Realitätsbewusstsein und der Anderswelt. Die Signale, die wir von den Mitmenschen empfangen, sind auf höhere Energieebenen ausgerichtet. Alles ist jetzt darauf ausgerichtet, positive Veränderungen in die reale Welt zu integrieren, die einer Prüfung auf Wahrhaftigkeit bereits unterzogen wurden.

Spiritualität, Kreativität und künstlerische Ambitionen können sich ausgezeichnet in das Alltagsleben integrieren und ausgesprochen bereichernd auswirken. Diese größere Dimension gehört nun wie selbstverständlich in unser Leben.

Und damit beende ich wieder meine Wochenschau und wünsche dir einen inspirierenden Vollmond und viel Erfolg für die neue spannende Woche.

Wochenhoroskop vom 18.11. bis 24.11.2024

Der Spruch der Woche lautet:

Unsere Sonne wandert in den optimistischen Schützen mit vielen positiven Aspekten. Merkur steht unter Spannung und Verneblung. Pluto betritt endgültig den Wassermann und wir bekommen wieder einen großen Götterschutz.

Unser Persönlichkeitskern, die Sonne, wandert am 22.11. um 20:54 Uhr in den philosophischen Schützen. Neue Kräfte entfalten sich jetzt für die kommenden 4 Wochen. Eine Zeit der Expansion, der Erneuerung, des hoffnungsvollen Strebens nach neuen Wissensgebieten. Es soll nichts Geringeres als der Heilige Gral der Erkenntnis und der Wahrheit gefunden werden.

Für uns als Menschengemeinschaft zeigt es eine Phase des Aufbruchs zu neuen Ufern an. Andere Kulturen, andere Sitten und Gebräuche sind jetzt sehr interessant und wollen erkundet werden. Eine neue Lebensweise kann auf völlig neue Wege führen. Alles ist auf Wachstum und Erweiterung ausgerichtet, im gesellschaftlichen wie auch im persönlichen Leben. Das schürt neue Pläne und die Reiselust.

Mit den interessanten neuen Technologien erweitert sich der Kommunikationsrahmen um ein Vielfaches. Der Austausch zwischen den Kulturen ist viel leichter und schneller möglich. Die Gerechtigkeit will sich großen Raum verschaffen. Damit können neue Gesetze in die Welt entlassen werden, die für alle von Nutzen sind.

Persönlich kann es den ganzen Betätigungsspielraum vollständig erweitern. Die neuen Möglichkeiten sind immens.

Sprachbarrieren lassen sich leicht abbauen durch die Hilfe innovativer Techniken. Wer jetzt eine Weiterbildung beginnt, hat sehr viel Rückenwind, um schneller und umfassender zu lernen.

Das große göttergeschützte Glücks-Dreieck, das ich im Spruch der Woche angekündigt habe, unterstützt all das Gesagte mit zusätzlichen Highlights.

Im persönlichen Leben kann sich ein starkes Bedürfnis nach Freiheit und Unabhängigkeit ausbreiten. Dieses Glücks-Dreieck bildet sich zwischen unserer Sonne im Schützen, Mars im Löwen und Mondknoten im Widder. Das ist das große Feuerdreieck. Der Schütze liefert die Abenteuerlust. Mars verleiht unerschöpfliche Energiereserven und Mondknoten bringt den karmischen Auftrag mit in das Geschehen. Es geht um den kraftvollen Einsatz für die persönliche Selbstverwirklichung. Mit Neugier, Entschlossenheit und Risikobereitschaft will die neue Welt erobert werden. Neue Ideen und Initiativen kommen jetzt in größerem Maße ans Tageslicht. Bindungen, die unflexibel geworden sind, können jetzt erweitert werden oder diese gehen zu Ende.

Der Geist der hohen, inspirierten Motivation eröffnet unermesslich neue Chancen. Es kristallisieren sich neue Führungskräfte heraus, die genau diese Qualitäten in sich tragen.

Auch die kreativen und künstlerischen Fähigkeiten erweitern sich um ein Vielfaches.

Unser Denker und Planer Merkur im Schützen steht in dieser Woche ebenfalls noch in Opposition zu Jupiter in den Zwillingen und bekommt zusätzlich eine Quadrat-Spannung zu Neptun in den Fischen.

Grundsätzlich geht die Energie von unserem Kommunikationsplaneten Merkur konform mit all den Informationen, die ich zur Sonne im Schützen gerade erklärt habe. Nur Merkur wird hier noch eine Schippe draufpacken und verliert sich leicht in expansiven Gedankenkonstrukten. Da wird viel und gern auch schwülstig geredet. Starken Worten sollen aber auch starke Taten folgen.

Mit Jupiter in Spannung dazu kann die Flut der Informationen überhandnehmen. Und die Neptun-Spannung verrät uns, dass da nicht alles stimmig ist.

Neptun steht für Intuition und Spiritualität. Hier in der Spannung zu Merkur kann er ordentlich für Verwirrung sorgen. Am Ende muss man Illusion von der Realität unterscheiden können. Es ist allerhand Täuschung im Feld, die unbedingt im Auge behalten werden sollte. Es häufen sich Missverständnisse und Fehlinterpretationen zu den angedachten Plänen.

Das besondere Ereignis in dieser Woche liefert Pluto, unser Transformierer. Er wandert nun in dieser Woche am 19.11.2024 um 21:30 Uhr endgültig in den freiheitsliebenden und unkonventionellen Wassermann. Er wird jetzt für die kommenden 20 Jahre in diesem Sternzeichen seinen Transformationsauftrag erfüllen.

Diese jetzt beginnenden tiefgreifenden Veränderungen tragen große gesamtgesellschaftliche Umbrüche in sich. Erneuerung in allen Bereichen, die den Wassermann betreffen.

Diese Position von Pluto eröffnet den neuen Zyklus der Selbsterkenntnis für uns als Menschheit. Große Reformen und gleichzeitige Innovationen stehen auf der Agenda. Persönlicher Einsatz, Kraft und Stärke des Einzelnen bringen die Chance mit, aus den Herausforderungen das Beste zu erschaffen. Im Fokus stehen:

- digitale Selbstbestimmung,
- der richtige Umgang mit künstlicher Intelligenz,
- große globale Themen.

Es sind stark revolutionäre Tendenzen aktiv.

Es ist aber auch die Möglichkeit vorhanden, durch individuelle Eigenverantwortung selbst das Zepter in die Hand zu nehmen. Das leitet mit zum Beispiel humanitären Projekten einen großen Prozess der Neugestaltung auf friedlichem Wege ein. Pluto ist der Planet der Masse, und im Zeichen der Gemeinschaften, Gruppen und Organisationen wird genau dort die große Transformation stattfinden. Damit sind neue politische, demokratische Strömungen zu erwarten, die den wahren humanitären Ansatz verwirklichen wollen.

Persönlich kann man jetzt seine eigene Individualität und Einzigartigkeit vollkommen neu entdecken und somit neue persönliche Dimensionen durchbrechen.

Es geht nun direkt in die tiefgreifenden Veränderungen in der Gesellschaft und im persönlichen Leben.

Und damit beende ich wieder meine Wochenschau und wünsche dir eine erfolgreiche und inspirierende neue Woche.

Wochenhoroskop vom 25.11. bis 01.12.2024

Der Spruch der Woche lautet:

> Wir haben Neumond im Schützen. Merkur geht in die Rückläufigkeit und bekommt Aufregung von Jupiter und Uranus. In der Liebe wird es sehr leidenschaftlich und das große Glücks-Dreieck begleitet uns weiter.

Mit dem wunderschönen großen göttergeschützten Dreieck aus der letzten Woche möchte ich gleich auch diese Woche einläuten. Am Montag, den 25.11., und am Dienstag, den 26.11., haben wir am Sternenzelt noch zusätzlich ein Gebilde, das ausschaut wie ein Diamant. Also ich würde da schon mal sagen: „Nomen est Omen". Das sind spektakuläre Energien, die viel, viel Hoffnung und Zuversicht in die Menschenfamilie hinein lodern lassen. Das Glücks-Dreieck steht in den Feuerzeichen und hat mächtig viel Startkraft im Köcher.

Sonne, Mars und Mondknoten bilden das große gleichschenklige Dreieck am Firmament, und Pluto, unser Transformationsplanet, steht in diesem Diamantgebilde günstig zur Sonne im Schützen, zu Mond in der Waage und zu Neptun in den Fischen. Das ist ein sehr verheißungsvolles Kraftfeld. Zudem wandert im Laufe der Woche unser Gefühlsanzeiger Mond direkt auf eine Neumond-Konstellation am Sonntag, den 01.12. in der Früh um 07:20 Uhr, zu. Das eröffnet wunderbare neue Perspektiven zur Erweiterung des Handlungsspielraumes. Das Abenteuer ruft. Träume wollen verwirklicht werden. Eine positive und hoffnungsvolle Zeit mit sehr interessantem und zukunftsorientiertem Gedankengut ist jetzt in Bewegung. Wer neue Projekte, Pläne oder Vorhaben an den Start bringen will, bekommt jetzt die nötigen Impulse und viel Rückenwind für die erfolgreiche Umsetzung.

Interessant ist auch, dass der Neumond im Schützen genau auf den 1. Advents-Sonntag fällt. Damit kann man seine neuen Vorhaben auch gleich richtig und mit der entsprechenden Grundstimmung zelebrieren. Das unterstützt auch all die Anstrengungen, die vielleicht zuvor sehr groß waren. Man kann jetzt besser die sonst so sichere Komfortzone verlassen und wird dafür belohnt. Am besten kann man diese Zeit auch genießen mit der Familie und auch mit lieben Freunden. Der Wunsch nach sozialen Kontakten und nach mehr Verbindungen wird spürbarer.

Grundsätzlich ist die Zeit bestens geeignet, seine neuen Jahresziele ins Auge zu fassen, zu Papier zu bringen und schon mal kräftig dafür zu werben oder diese kundzutun. Es muss aber auch hier immer darauf geschaut werden, wie das persönliche Horoskop dazu positioniert ist.

Jetzt kommt noch eine andere Energie dazu: Unsere Sonne im fröhlichen und optimistischen Schützen wird ab dem 28.11. von Saturn in Fische durch ein Spannungs-Quadrat ausgebremst. Das kann ernüchternde Tendenzen mit sich bringen. Die schönen hoffnungsvollen Vorstellungen und Pläne werden einer harten Prüfung auf Realitätssinn und -tauglichkeit unterzogen. Man kann leicht feststellen, dass mehr Aufwand nötig ist, als die Sache vielleicht wert ist. Damit können manche schönen Träume schnell wieder entsorgt werden. Aber der Hauch des Möglichen bleibt weiter im Äther.

Wer allerdings viel Durchhaltevermögen und Ausdauer in seinen persönlichen Rucksack gepackt hat, wird dafür auch mit Erfolg belohnt. Man muss mehr als zuvor bereit sein, Verantwortung für seine Handlungen zu übernehmen. Das kann zu manch undefinierbarem Zweifel veranlassen. Es ist eine Prüfung der eigenen Authentizität und des Selbstbewusstseins. Es stehen Fragen im Raum wie: Kann ich das, was ich mir vornehme, wirklich erreichen? Bin ich bereit dafür? Bin ich die oder der Richtige dafür? Die Geduld ist jetzt ein guter Ratgeber für alles, was kommen soll und will.

Gut ist es jetzt, die Ziele nochmal genau zu prüfen. Ganz nach dem Motto: „Weniger ist jetzt mehr". Vor allem ist es wichtig, sich seine Talente, Stärken und Fähigkeiten deutlich vor Augen zu führen. Hindernisse gehören zum Entwicklungsprozess dazu. Eine Zeit der Reifung kündigt sich an, um einen neuen Entwicklungszyklus anzugehen. Oft kann man in dieser Zeit auch Trennungen von wichtigen Menschen beobachten. Wichtig ist jetzt auch, die Gesundheit gut im Auge zu behalten und wichtige Dinge mit Ruhe anzugehen.

Am 26.11., in der Früh um 03:42 Uhr, wird unser Geschäftsplanet Merkur im Schützen wieder einmal rückläufig. Davon haben die meisten sicher schon eine Vorstellung. Es beginnt gerade jetzt, kurz vor der Weihnachtszeit, eine Phase der inneren Einkehr und geistigen Reflexion von dem, was gewesen ist. Welche Prozesse haben sich über das Jahr im eigenen Leben widergespiegelt? Wie bin ich selbst innerlich mitgewachsen?

Diese Merkur-Position lädt ein, mehr nach Innen als nach Außen zu schauen. Mit dem Lauf durch den Schützen verlangt Merkur schonungslose Ehrlichkeit zu sich selbst. Wie stehe ich heute zu meinen bisherigen Überzeugungen? Kann ich diese noch vertreten? Man kann auch leicht missverstanden werden in seinen Äußerungen. In dieser Phase ist es eher nicht so förderlich, neue, bindende Verträge abzuschließen. Dieses himmelhohe Kraftfeld, das sich mit dem beschriebenen Neumond und dem Glücks-Dreieck ankündigt, braucht etwas Entwicklungsspielraum.

Viele gute Ideen sind noch nicht ausgereift und versprechen einfach momentan mehr als sie halten können. Mit Investitionen verhält es sich ebenso. Es sind einfach zu viele Unklarheiten im Feld, die eine Entscheidung schwierig machen. Zu Merkur steht auch Jupiter weiter in einer spannungsvollen Opposition in den Zwillingen und zu Neptun in den Fischen. Das verwirrt den Geist noch zusätzlich. Einerseits ist so viel freudige Lust auf das Neue im Feld, und andererseits kann man kaum die Hand vor den Augen erkennen wegen der neptunischen Nebel der Unklarheit.

Das kann sich in chaotischen Verhaltensmustern ausdrücken, die dann doch erstmal wieder abklingen sollten, bevor wichtige Verbindlichkeiten eingegangen werden. Wie so oft liegt der Stein der Weisen im eigenen Inneren. Dort sortiert sich auch alles nach und nach wieder, wenn diese Zeit wieder abgeklungen ist. Rückläufiger Merkur lädt auch immer dazu ein, etwas auszumisten, zu entsorgen oder aufzuräumen. Und im Schützen sind es eben oft die eigenen Überzeugungen, die Art der Kommunikation und der Drang nach mehr Wissen und Erkenntnis. Dazu passt auch so ein schönes Sprichwort: „Wozu in die Ferne schweifen, wenn das Glücke liegt so nah?". Eine Selbstreflexion bringt auch zum Vorschein, ob die Überzeugungen, mit denen man selbst unterwegs war, wirklich die eigenen sind oder waren.

Venus, unsere Liebesgöttin, steht günstig zu Uranus im Stier und zu Neptun in den Fischen. Das bringt ideenreiche Momente ins Liebesleben. Man kann mit Überraschungen verwöhnt werden. Eine gute Zeit, sich für seine Liebsten etwas einfallen zu lassen. Die Romantik will sich auch versprühen. Neptun sorgt für traumhafte Momente. Man fühlt sich auf einer höheren Ebene miteinander verbunden. Das ist eine sehr schöne Energie.

Und damit beende ich wieder meine Wochenschau und wünsche dir eine inspirierende und erfolgreiche neue Woche.

Wochenhoroskop vom 02.12. bis 08.12.2024

Der Spruch der Woche lautet:

> Sonne und Merkur bekommen hoffnungsvolle Impulse und Einschränkung zugleich. Transformation steht an. Mars wird rückläufig und Neptun geht wieder vorwärts. Wir haben den 2. Advent.

Unsere Sonne wandert in eine enge Umarmung mit rückläufigem Merkur im Schützen.

Eine Sonne im Schützen strahlt nur so vor Optimismus, voller großer Pläne und Großzügigkeit, wenn sie harmonisch aspektiert ist. Unser Kommunikations- und Geschäftsplanet Merkur überquert in seiner Rückläufigkeit in dieser Woche die Sonne. Das aktiviert eine Art Selbstreflexion und unterstützt Lernprozesse. Es wird viel Nachzudenken geben. Es will etwas aufgearbeitet werden aus den verschiedensten vergangenen Erfahrungen. Die eigenen Gedanken und Gefühle können genauer angeschaut werden, um zu verstehen. Vielleicht kommen Schattenseiten hoch, die angeschaut werden wollen. Wie stehe ich heute zu meinen Wertvorstellungen und Überzeugungen?

Vergangenes kann auch in Gemeinschaft aufgearbeitet werden. Ehemalige Freundschaften, Beziehungen oder andere Verbindungen können wieder eine Rolle spielen. Diese innere Einkehr offenbart neue Perspektiven und macht uns toleranter.

Zusätzlich steht unsere optimistische Schütze-Sonne in einem spannungsvollen Quadrat zu Saturn in den Fischen und in Opposition zu Jupiter in den Zwillingen.

Diese Spannungs-Winkel bringen so einige Herausforderungen in das aktuelle Geschehen. Saturn streut Selbstzweifel in die sonst so optimistische Grundveranlagung der Schütze-Seele. Wogegen Jupiter genau das Gegenteil aktivieren will. Das führt automatisch zu einer inneren Unausgeglichenheit. Es werden immer wieder Kompromisse und Perspektivwechsel verlangt.

Auf politischer Ebene kann es zu einigen Unruhen veranlassen, die im Zusammenhang mit unterschiedlichen religiösen Ausrichtungen stehen. So können gesellschaftliche Umbrüche wieder ein Thema sein. Auch hier geht es um einen größeren Weitblick und mehr Toleranz.

Wenn die Konstellation positiv gelebt wird, gibt es große Möglichkeiten, seinen Horizont zu erweitern und viel Neues zu lernen. Man kann seine inneren Torwächter in den Griff bekommen und neue Schritte wagen.

Am Samstag, den 07.12. um 07:14 Uhr, wandert Venus in den unkonventionellen Wassermann. Hier wird Venus direkt mit den Eigenschaften wie Unabhängigkeitsstreben und Freiheitsliebe aufgeladen. Die eigene Individualität will sich verwirklichen. Das macht sich auch direkt in Beziehungen oder im Liebeswerben bemerkbar. Das freundschaftliche und gleichgesinnte Miteinander steht ganz weit oben bei den Bedürfnissen einer Venus im Wassermann.

In Beziehungen kann jetzt ein richtig frischer Wind wehen. Er geht um Eigenständigkeit, Selbstbestimmtheit und innovative Einzigartigkeit. Es können sich unkonventionelle Verbindungen ergeben, die gar nichts Traditionelles an sich haben. Das Andersartige kann jetzt besonders anziehend sein. In finanziellen Angelegenheiten wird mehr Wert auf gemeinschaftlich nützliche Investitionen gelegt. Soziale Projekte werden gern finanziert. Man kann aber auch selbst dadurch begünstigt werden.

Jetzt beginnt auch eine interessante, immer enger werdende Umarmung zwischen Venus und Pluto. Das ist ein sehr kraftvoller und tiefgreifender Aspekt. Er trägt die Veränderung in allen Liebes- und Geldangelegenheiten direkt in sich. Jetzt stehen ungesunde Verhaltensmuster, Eifersucht, emotionale Manipulation oder Abhängigkeiten zur Transformation an. Auf der Beziehungsebene ist das oft eine Phase der völligen Erneuerung. Entweder packt man das gemeinsam oder es kann keine Basis mehr geschaffen werden. Ist dieser Auftrag aber erfüllt, kann man einer neuen, erfrischenden und verbindlichen Partnerschaft ins Auge schauen.

Wer jetzt einen neuen Partner kennenlernt, erlebt durch diese Begegnung die angesprochene Transformation auf vielen Ebenen des Seins.

In allen Finanz- und Besitzangelegenheiten kann man in dieser Zeit mit Zuwachs an Werten rechnen. Das ist ein sehr angenehmer Nebeneffekt der transformierenden Energien. In vielerlei Hinsicht kann sich die Verbindung wie eine Neugeburt anfühlen. Im Persönlichkeitshoroskop ist es immer sehr spannend zu schauen, in welchem Haus oder auch Lebensbereich dieses Thema aktiviert wird.

In Geldangelegenheiten kann es große Chancen für neues Wachstum bedeuten. Neue Geschäftsmöglichkeiten mit hohen Gewinnen sind auch möglich. Aber es geht immer auch um den gemeinschaftlichen Nutzen. Es kommt mehr Kreativität und

Lebendigkeit in das persönliche und überpersönliche Leben. Diese Kombination steht auch günstig zu Neptun und Mondknoten. Da steht ein kosmischer und karmischer Auftrag im Raum, für jeden Einzelnen und für die große Menschengemeinschaft.

Jetzt noch einige Worte zu unserem Energieplaneten: Mars im majestätischen Löwen wird ab Samstag, dem 07.12. um 00:30 Uhr, für die kommenden 10 Wochen rückläufig. Was bedeutet das für unsere Fähigkeit, die eigenen Kräfte zu entfalten? Mars symbolisiert unsere Antriebs- und Durchsetzungsfähigkeit und natürlich auch allerhand Kampfgeist. Wenn nun Mars rückläufig wird, heißt das, dass er in entgegengesetzter Richtung auf seiner Umlaufbahn wandert.

Das Tempo wird gedrosselt. Der feurige Hengst wird gezügelt. Mars im Löwen repräsentiert ein starkes Ego und viel Selbstbewusstsein und Führungsqualitäten. Diese Marsposition bringt diese Qualitäten in eine Schieflage. Sie verursacht innere Unruhe und Unsicherheit. Die Entschlossenheit ist nicht so abrufbar wie sonst. Ich nenne das auch immer gern eine „Stopp-and-Go"-Energie. Geplante Ziele lassen sich nicht so einfach verwirklichen. Die kreative Ader kann blockiert sein. Es braucht mehr Geduld als sonst für die geplanten Vorhaben. Genauer lässt sich die Wirkung aber am persönlichen Horoskop herausfinden.

Erfreulich jetzt auch, dass Neptun ab dem 08.12. um 00:43 Uhr wieder direktläufig wird. Die vielen Unklarheiten, Illusionen, nicht greifbaren Erfahrungen kommen jetzt wieder in ein klares Fahrwasser. Der Nebel der Ungewissheiten lichtet sich zusehends. Das erweckt neue Zuversicht. Man sieht und denkt klarer und kann das Licht am Ende des Tunnels wieder deutlicher erkennen. Träume und Visionen bekommen reale Bezüge, damit sie in die Welt kommen können. Die spirituelle Ebene gehört jetzt zur Realität, wie die Nahrung, die wir zum Leben benötigen.

Und damit beende ich wieder meine Wochenschau und wünsche dir eine sehr inspirierende und erfolgreiche Woche und natürlich einen schönen 2. Advent.

Wochenhoroskop vom 09.12. bis 15.12.2024

Der Spruch der Woche lautet:

> Wir bekommen wieder ein wunderschönes Glücks-Dreieck und Vollmond aus den Zwillingen. Unsere Sonne ist hin- und hergerissen. Merkur wird wieder direktläufig. Die Liebe bleibt aufregend. Es ist 3. Advent.

In dieser Woche bildet sich wieder einmal ein wunderschönes, göttergeschütztes Dreieck am Firmament. Und das kurz vor Ende des Jahres. Wie schön. Die kosmischen Kräfte sind alle mit im Boot. Das Glücks-Dreieck wird von den Planeten Merkur, Mars und Mondknoten gebildet. Das verheißt sehr positive Energien. Es können sich schöne Gelegenheiten für neue Erfahrungen und gute Geschäfte ergeben.

Mit Merkur in Schütze ist die Kommunikation stärker nach außen gerichtet. Es gibt immer etwas zu verkünden mit dieser Merkur-Platzierung. Wenn diese Veranlagung günstig zu Mars im Löwen steht, ist die Kommunikation sehr deutlich und kraftvoll. Selbst, wenn Mars hier rückläufig ist. Dazu steht dann Mondknoten, unser Karma-Punkt für die gesellschaftliche Weiterentwicklung, im Widder auch günstig. Das zeigt uns an, dass wir auf dem richtigen Pfad sind als Menschengemeinschaft. Die neuen Ufer sind schon ausgemacht und wollen erobert werden.

Es gibt noch ein Highlight in diesem Zusammenhang: An das Glücks-Dreieck ist noch ein kleines Dreieck geheftet. Damit ergibt sich am Sternenhimmel ein leuchtender Diamant. Was sagt man über einen Diamanten üblicherweise? Bevor ein Stück Kohle zu einem Diamanten wird, muss es Unmengen an Druck aushalten. Ja, das kann man wohl bestätigen, für uns als Menschengemeinschaft. Es ist wieder wie ein göttliches Omen.

Behalten wir das für diese Woche schon mal im Hinterkopf, denn es zeigen sich noch einige Hürden, die gemeistert werden wollen.

Ungünstig steht jetzt noch bis Dienstag der Saturn zu unserer Sonne im Spannungs-Quadrat. Das bremst immer noch aus. Und auch Neptun kommt ab dem 13.12. mit einem Spannungs-Quadrat dazwischen. Das hebelt die euphorischen Neustartimpulse mal eben ganz leicht aus. Man muss sich gut sammeln, um in die Umsetzung seiner Vorhaben zu kommen. Der Körper benötigt viel Fürsorge und das Immunsystem will gestärkt werden. Es sind Täuschungen im Umfeld, die schwer auszumachen sind.

Am Sonntag, den 15.12. um 10:00 Uhr, haben wir dann den angekündigten Vollmond in den Zwillingen. Das verspricht wieder einen sehr regen Austausch von allerlei Neuigkeiten. Normalerweisen symbolisiert das ein reges, geschäftiges Treiben. Da jetzt aber hier Neptun in Spannung steht, sind die vielen Neuigkeiten oft nur Klatsch und Tratsch. Täuschungen und Missverständnisse können leicht die umtriebige Atmosphäre trüben. Wie schon erwähnt, braucht der Körper viel Pflege und gute Stärkung der Abwehrkräfte. Das Wahrnehmungssystem ist mit Neptun-Spannung oft getrübt. Traum und Wirklichkeit klaffen weit auseinander. Man kann leicht Betrügereien zum Opfer fallen. Nur mal so als Vorwarnung.

Es werden sehr leicht Fehlinformationen ins Feld gestreut. Fehlkäufe sind nicht selten, oder Verluste durch Unachtsamkeit.

Es ist wichtig, seiner Intuition zu vertrauen, anstatt den vielen unterschiedlichen Stimmen, von denen jede etwas anderes verkündet. In meditativer Versenkung kann man wieder Einkehr finden und den Bezug selbst herstellen. Spaziergänge in der Natur sind sehr hilfreich für die Klärung des Geistes und zur Stärkung des Immunsystems. Verschaffe dir freudige Momente mit Spaß und Lachen. Auch das unterstützt die eigenen Kräfte. Zwillinge-Energie will fröhlich sein.

Merkur wird am Sonntag um 21:57 Uhr im Schützen wieder direktläufig. Und damit höre ich schon ein deutliches Aufatmen bei dir, wenn du das gerade liest. Merkur geht wieder voran und erweitert jetzt wieder die ganzen, zuvor eingeschränkten Gedankenkomplexe, Kommunikationskanäle und den Bewegungsrahmen.

Die Geschäfte florieren jetzt schon wieder besser. Der Dienstleistungssektor, die Käufe und Verkäufe gehen wieder viel besser voran. Besonders der Bezug zu den Kunden kann nun wieder richtig florieren. Halte Ausschau, welche besonderen Angebote jetzt gegeben werden. Es können super Rabatte und gute Schnäppchen dabei sein. Wenn man die Tatsache im Auge behält, dass der Neptun die Kräfte der Sonne schwächt, kann man doch mit genügend Umsicht gute Geschäfte auf den Weg bringen. Schau dich um in deiner Stadt, wie das bunte Lichterspiel deine Sinne erfasst und dich in schöne Stimmung versetzt.

Merkur im Schützen bildet ab Mitte der Woche sehr günstige Verbindungen zum Mondknoten, unserem gesellschaftlichen Karma, im Widder. Zudem ebenfalls eine günstige Position zu Venus und Pluto im Wassermann. Das bringt große Motivation, schöne kreative Ideen und sehr viel Aufbruchstimmung in das Geschehen.

Es finden sich Menschen zusammen, die wirklich gemeinschaftlich etwas bewegen können und das auch in die Tat umsetzen wollen. Die neuen Ideen und Projekte wollen der Gemeinschaft präsentiert und verkündet werden. Darunter sind sehr lukrative und sinnvolle Vorhaben, die schnell Zustimmung finden können, wenn sie der Welt präsentiert werden. Es lassen sich leichter Unterstützer und Investoren finden als sonst.

Unsere schöne, liebevolle Venus im Wassermann verabschiedet sich von der magischen Umarmung mit Pluto. Jetzt steht sie zum rückläufigen Mars in Spannung, aber zum Mondknoten, unserem gesellschaftlichen Karma-Punkt, in einem harmonischen Winkel.

Diese Venus-Position kann jetzt zu Konflikten zwischen dem männlichen und weiblichen Prinzip in Partnerschaften führen. Venus im freiheitsliebenden Wassermann versus rückläufiger Mars im stolzen und herrschaftlichen Löwen. Das könnte leicht die Männlichkeit und Dominanz des so strahlenden Löwen untergraben. Das kann zu Missverständnissen und streitsüchtigen Szenarien verleiten, wenn hier kein Kompromiss gefunden wird. Da die schöne, schillernde Venus im Wassermann günstig zu der Mondknoten-Achse steht, können sich jetzt doch recht interessante und auch ungewöhnliche Wege finden, um die Liebe auf eine neue Ebene zu heben.

Das Wertebewusstsein wandelt sich. Auch in allen Geldangelegenheiten braucht es kreative, neue Ansätze, wie das Geld verwaltet und ausgegeben werden soll. Es können gute finanzielle Gewinne erzielt werden, wenn die Ausrichtung klar ist.

Der rückläufige Mars im Löwen steht ab jetzt in einer direkten Opposition zu Pluto im Wassermann.

Es stehen starke Veränderungen an. Pluto geht in seiner Natur an die tiefsten Wurzeln des Seins, und gräbt sie um, damit aus altem Morast etwas Neues entstehen kann. Mars will sich selbst behaupten und für alles, was einen betrifft, kämpfen. Dadurch entstehen starke Machtkämpfe. Die psychischen Prozesse hinter dem Geschehen deuten auf eine große Umwälzung hin.

Jetzt ist es wichtig, sich selbst und seine Bedürfnisse gut zu kennen und zu verstehen. Dann kann man sich darauf einlassen. In so einer spannungsvollen Phase ist es sehr leicht möglich, mit den Überzeugungen und Motivationen anderer direkt in Kontakt zu kommen. Hier ist wichtig, dich zu hinterfragen: Sind das meine oder deine Muster? Erkenne, was zu dir gehört, oder auch, was nicht mehr zu dir gehört. Es braucht ehrliche Herangehensweise. Der rückläufige Mars fordert kräftig heraus und bringt Schwierigkeiten mit. Er verzögert Vorhaben, und Pluto versucht, zwingende Maßnahmen zu installieren. Das kann die Gefühlsnatur mächtig in Unruhe versetzen und Zweifel an der eigenen Motivation untermischen. Setze klare Grenzen dort, wo du merkst, dass du nicht mehr mit dir verbunden bist. Diese Herausforderungen stärken unser aller Zielbewusstsein und die innere Kraft.

Folge deinem inneren Herzensweg. Dann bist du genau auf dem richtigen Pfad deines Seelenentwicklungsauftrages. Dieser Prozess ist sehr tiefgreifend und verändert das Leben auf vielen Ebenen. Dazu ist aber immer wichtig, das persönliche Horoskop ins Verhältnis zu setzen.

Und am Schluss möchte ich nochmal daran erinnern, was ich anfangs erwähnt hatte. Wir haben das große, wunderschöne Glücks-Dreieck, das über allem steht. Damit unterstützen uns die kosmischen Kräfte ganz aktiv.

Und damit beende ich wieder meine Wochenschau und wünsche dir eine großartige, inspirierende und erfreuliche Woche. Ich wünsche einen schönen 3. Advent.

Wochenhoroskop vom 16.12. bis 22.12.2024

Der Spruch der Woche lautet:

> Unsere Sonne wandert in den disziplinierten Steinbock und wird von Neptun geschwächt. Karmische Begegnungen sind möglich. Wir haben Wintersonnenwende. In der Liebe kündigt sich aufregende Veränderung an. Es ist 4. Advent.

Unsere wunderbare Sonne wandert am 21.12. um 10:21 Uhr in den verantwortungsbewussten und disziplinierten Steinbock. Wenn die Sonne in das Sternzeichen Steinbock einzieht, verändern sich die Kräfte gravierend. Es konzentriert sich alles auf das Wesentliche, und die Arbeit geht zielführend Schritt für Schritt voran. In dieser Phase kann man leicht das Gefühl bekommen, dass die Arbeit härter und anstrengender ist als zuvor. Der Realitätssinn schärft sich deutlich. Es wird mehr Verantwortung abverlangt. Die Pflicht ruft. Alles wird auf Sinnhaftigkeit geprüft. Was der Prüfung standhält, hat große Chancen, zu einem Erfolg zu werden.

Nun ist die Wintersonnenwende eingeläutet. Sie ist ein wichtiges astronomisches und astrologisches Ereignis. Wir haben den kürzesten Tag und die längste Nacht. Das liegt an der Neigung der Erdachse. Die Sonne steht am südlichen Wendekreis.

Viele Kulturkreise und verschiedene Religionen begehen dieses Ereignis mit den verschiedensten Ritualen. Die Wintersonnenwende steht für den Tod und die Wiedergeburt des Lichtes. Jetzt werden die Tage wieder länger. Im Christentum wird die

Wintersonnenwende mit der Geburt Jesu Christi in Verbindung gebracht. Es gibt dazu viele unterschiedliche Feierlichkeiten. Man kann sich in dieser Zeit auch eine Phase der Besinnung gönnen und das neu beginnende Licht begrüßen.

Bei den alten Kelten und Germanen wurde dieses Fest auch das Julfest genannt. Es wurde die Rückkehr der Sonne in ausgiebigen Gelagen gefeiert.

Unsere Sonne steht zur Zeit der Wintersonnenwende im Spannungs-Winkel zu Neptun in den Fischen.

Wie in der letzten Woche schon angedeutet, wird diese Neptun-Spannung unsere Sonnenkraft schwächen. Oft geht diese Spannung einher mit tiefen Unsicherheiten und Unklarheiten. Der Weg scheint wie hinter einem Schleier verborgen. Illusionen und Täuschungen sind in dieser Zeit sehr häufig. Die Steinbock-Sonne ist redlich darauf bedacht, mehr Klarheit zu schaffen. Aber auch im Arbeitsbereich kann sich dadurch so manche Konzentrationsschwäche einschleichen. Es ist wichtig, die Arbeit so zu organisieren, dass die wesentlichen Aufgaben geregelt sind. Der Körper braucht immer wieder eine Pause und mehr Ruhe und viel Fürsorge. Das Immunsystem will gestärkt werden. Wenn du deine wahre Natur verleugnest, wird sich der Körper vermehrt Gehör verschaffen. Es ist jetzt sehr wichtig, auf die innere Stimme zu lauschen. Dann bekommt man diese Schwächezustände gut in den Griff.

Merkur wird ab Mitte der Woche unter Spannung von Jupiter und Saturn gesetzt. Die Denkprozesse sind mächtig in Bewegung.

Die typische vorweihnachtliche Umtriebigkeit wird von Jupiter in Zwillinge verstärkt. Das kann aber eben auch zu Verzettelung und verwirrenden Situationen führen. Da gilt es, immer wieder den Kopf klar bekommen und sich sammeln. Manchmal sind es einfach auch zu viele Worte, die da von A nach B vermittelt werden, ohne etwas wirklich Wichtiges gesagt zu haben. Auf der anderen Seite bringt diese Merkur-Spannung zu Saturn genau das Gegenteil zum Vorschein. Dann ist die Kommunikation plötzlich völlig unterbrochen, quasi Funkstille. Diese unterschiedlichen Energiefelder wollen gut jongliert werden, damit man etwas Vernünftiges zuwege bekommt. Merkur ist nun auch wieder direktläufig und der geschäftige Antrieb nimmt damit auch wieder richtig Fahrt auf. Nur man braucht hier dennoch ein gutes Augenmaß, um nicht im Überschwang das Glas vollständig zu verschütten.

In dieser Phase ist es günstig, sich nochmal über seine wirklichen Ziele Klarheit zu verschaffen, bevor wichtige Entscheidungen getroffen werden.

Venus im Wassermann ist in dieser Woche mit einem schönen Trigon zu unserm Glücksplaneten Jupiter in Zwillinge gesegnet. Eine Zeit der Feierlichkeiten und des fröhlichen Beisammenseins bringt interessante Kontakte. Grundsätzlich verheißt die Zeit auch schöne und erfolgversprechende Erfahrungen in allen Liebes- und Geldangelegenheiten. In Partnerschaften ist es eine günstige Zeit sich seine Liebe zu bekunden. Wenn man jetzt jemanden kennenlernt, ist das eine sehr schöne Begleit-Energie, die von Fröhlichkeit und Esprit erfüllt ist. Man kann sich leicht dem anderen mitteilen und erfährt dadurch mehr Geborgenheit.

Geschäfte laufen unter dieser Konstellation richtig gut. Es können gute Gewinne erzielt werden. Die Karriere kann einen großen Schritt vorangebracht werden. Man muss hier einfach auch schaue, wie die anderen Spannungen im Verhältnis stehen. Das ist dann einfach auch eine gute Gelegenheit, mal ein persönliches Beratungsgespräch in Anspruch zu nehmen. Dann lässt sich gut herausfiltern, was das neue Jahr so im Gepäck hat.

Die Opposition zwischen dem rückläufigen Mars und dem tiefgreifenden Wandler Pluto ist in vollem Gange. Die hochemotionalen psychischen Prozesse führen zu großen inneren Veränderungen, die sich äußerlich in Machtkämpfen manifestieren können. In der letzten Woche hatte ich schon einige wichtige Anhaltspunkte dazu gegeben.

Die plutonischen Kräfte gehen in die Tiefen des Seins und graben alten Morast um, damit neuer Humus entsteht, woraus etwas ganz Neues erblühen kann. Die Machtkämpfe, die sich offenbaren, sind oft in uns selbst zu finden. Wo bekämpfe ich meinen eigenen Fortschritt? Wo verhindern meine Überzeugungen, über mich hinauszuwachsen?

Diese Themen stehen auch noch weiterhin im Raum und begleiten uns bis über den Jahreswechsel hinaus.

Und damit beende ich wieder meine Wochenschau und wünsche dir eine sehr schöne und erfreuliche Vorweihnachtswoche und einen schönen 4. Advent.

Wochenhoroskop vom 23.12. bis 31.12.2024

Der Spruch der Woche lautet:

> Unsere Sonne wird weiter geschwächt von Neptun. Saturn gibt Stabilität. Die Liebe ist sehr überraschend und herausfordernd zugleich. Die Kraft von Mars bekommt mehr Inspiration.

Die Weihnachtswoche beginnt mit den Neptun-Spannungen zur Sonne, die uns direkt bis zum Heiligen Abend begleiten. Es bleibt immer noch so vieles unklar. Aber die mystische Stimmung erhöht sich auch durch diese Neptun-Energie. Wichtig ist immer noch, die körperlichen Befindlichkeiten im Auge zu behalten und sich Zeit für sich selbst zu nehmen.

Am 24.12., zu Heiligabend, bekommen wir am Vormittag sehr schöne, gefühlvolle Impulse vom Mond zu Jupiter, die den ganzen Tag lang andauern. Das beschreibt eine fröhliche, motivierende Gefühlslage. Man trifft sich gern zum gemeinsamen Plausch und tauscht sich über erfreuliche Dinge aus. Es ist eine sehr wohlwollende Energie zu spüren.

Am Nachmittag bekommen wir dann zusätzlich eine schöne Mond/Venus-Harmonie. Liebevolle Gefühle erfüllen das Umfeld. Man fühlt sich wohl und geborgen miteinander. Die familiäre Harmonie strahlt auf die ganze räumliche Atmosphäre aus. Eine schöne Energie für den Heiligen Abend.

Ab Samstag, dem 28.12., bekommt unsere Sonne im verantwortungsvollen Steinbock zusätzliche Unterstützung von ihrem Zeichenherrscher Saturn aus den Fischen. Das stärkt Selbstvertrauen, Selbstbewusstsein und Zuverlässigkeit. Man kann sich wieder besser konzentrieren. Jetzt lassen sich Pläne schmieden für zukünftige Vorhaben, Projekte oder Vereinbarungen. Man kann sorgfältig seine ehrgeizigen Ziele vorprogrammieren und organisieren. Mit viel Pflichtbewusstsein, Führungsqualität und einem umfassenden Blick für künftige Entwicklungen kann man große Programme entwerfen, um sie zu verwirklichen.

Diese Konstellation bringt viel Entschlossenheit und Durchhaltevermögen mit. Das kann bedeuten, dass man beruflich, geschäftlich und privat einen gewaltigen Schritt machen kann. Wie sich diese Planetenkräfte bei dir zeigen, kann man anhand des persönlichen Horoskops betrachten. Dazu lade ich gern ein, mal in ein persönliches Beratungsgespräch zu mir zu kommen. Meine Kontaktdaten sind in den Beschreibungen gut zu finden.

Jetzt bekommen wir auch einen Neumond im Steinbock am Montag, den 30.12. um 23:25 Uhr, kurz vor dem Jahresende.

Das unterstreicht nochmal das eben Geschriebene. Jetzt ist wieder die Zeit der Neuanfänge präsent im Raum. Wie bezeichnend ist das jetzt wieder, dass dieser Neumond direkt am letzten Tag des Jahres aktiviert ist? Das Universum hat doch wieder mal ein super Timing.

Nun bringen diese Neuanfänge im Steinbock keine euphorischen Bekundungen auf die Bühne. Hier geht es um die strategischen Pläne und Strukturen, die benötigt werden, um etwas langfristig und dauerhaft mit viel Loyalität und Vertrauensbonus in die Welt zu bringen. Die jetzt gestrickten Programme sollen auf festen Füßen stehen und in der Lage sein, große Stürme zu überstehen.

Im persönlichen Bereich kann man sich seine eigenen beruflichen und geschäftlichen Ziele definieren. Man kann sich persönlich mit mehr Disziplin und Ausdauer seiner körperlichen, seelischen und geistigen Gesundheit widmen. Gut ist auch, diese Vorhaben niederzuschreiben und ab und zu durch Selbstreflexion zu überprüfen. Mit dieser Energie kann man hervorragend seine Finanzen ordnen, neu strukturieren und entsprechende Investitionen planen. Beziehungen, die jetzt geschlossen werden, haben einen starken Bindungscharakter und basieren auf hohen Werten.

Der rückläufige Mars, unser Energieplanet im Löwen, ist nach wie vor mit der Spannung zu Pluto im großen Transformationsprozess. Ab dem 26.12. bekommt Mars aber für die kommenden Wochen ein schönes harmonisches Trigon zu Neptun, unserem Planeten der seelischen Tiefe.

Jetzt kombinieren sich Durchsetzungswille und Führungsanspruch harmonisch mit den tiefen, spirituellen Gesetzmäßigkeiten des Kosmos. Der Zugriff auf den großen Teich des Wissens ist geöffnet. Das kann die kreativen Fähigkeiten enorm steigern. Visionen können mit der Energie von Mars direkt in die Umsetzung gebracht werden. So lassen sich Träume verwirklichen. Die große Vorstellungskraft fördert Außergewöhnliches zutage. Neue Kunstformen, neue spirituelle Ansätze, neue universelle Inspirationen kommen in das Bewusstsein. Der Transformationsauftrag mit Pluto findet hier denkbar vorteilhafte Wege, um sich mit der neuen Zeit zu verbinden.

Der 31.12. steht unter dem Eindruck des Neumondes vom Vortag. Der ganze Vormittag ist gekennzeichnet von den strukturgebenden Aspekten, die ich zum Neumond erläutert habe. Ab Nachmittag beginnt eine günstige Mond/Saturn-Verbindung. Das gibt weiterhin gute Stabilität.

Gegen 15:00 Uhr meldet sich dann eine günstige Position zwischen Mond und Uranus an. Jetzt wird es um einiges aufregender. Da darf es spontaner zugehen, und man kann sich plötzlich und unerwartet über eine Einladung freuen. Da werden auch einfach mal die strukturierten Grenzen von Steinbock, Sonne und Mond aus der Fassung gebracht. Aber alles verläuft grundsätzlich in harmonischen Bahnen. Kreative Einfälle für den bevorstehenden Jahreswechsel beleben das ganze System. Man fühlt sich wach, lebendig und dem Universum verbunden. Das neue Jahr kann kommen.

Wer den Jahreswechsel mit sich allein verbringt, kann ebenfalls von seiner eigenen Kreativität überrascht werden. Aber auch eine schöne Meditation bringt interessante Inspirationen zum Vorschein. Das Universum ist auf Sendung geschaltet. Wer sich öffnet, kann empfangen. Natürlich kannst du in diese Meditation auch deine Wünsche für das neue Jahr einbringen. Formuliere sie nur klar und deutlich mit den Worten, die das ausdrücken, was du wirklich in deinem Leben haben willst.

Und damit beende ich wieder meine Wochenschau und wünsche dir eine wundervolle letzte Woche des Jahres und einen richtig guten Rutsch in das neue Jahr 2025. Dann geht es in das Jahr der Venus.

Kontaktmöglichkeiten

Bärbel Roy
Deine Astrologin

eMail
baerbel.roy@gmail.com

Telegram
https://t.me/BaerbelRoy

Beratungspaket buchen
https://baerbel-roy.de/84/beratung

Anmeldung zum Astro-Live-Call Inner-Circle
https://www.baerbel-roy.de/1378/anmeldung-virtuelle-astrostube/inner-circle

---

Anet Janik
Die Kryptopreneurin & Gründerin Die SehnsuchtsDesigner

Telegram
https://t.me/AnetJanik1

eMail
diesehnsuchtsdesigner@gmail.com

Homepage
https://die-sehnsuchtsdesigner.com
https://kryptopreneurin.com

Gespräch
https://die-sehnsuchtsdesigner.youcanbook.me